Si Dieu est amour,
pourquoi le mal ?

DES MÊMES AUTEURS
AUX MÊMES EDITIONS

Mieux connaître Dieu, 2008.

Photographe, le plus beau métier du monde, 2010.
(Claude Bouchot),

Karin et Claude Bouchot

Si Dieu est amour, pourquoi le mal ?

Préface du Dr Gabriel Golea

Editions BoD

© Karin et Claude Bouchot, 2011.

Editions Books on Demand
12-14 Rond-Point des Champs Elysées, 75008 Paris, France.

ISBN : 978-2-8106-1223-9

A ceux qui souffrent
dans leur corps et leur esprit.

« L'homme ne connaît pas plus l'essence de Dieu qu'un scarabée la nature humaine. »

Zwingli

Cité par Richard Stauffer, *Interprètes de la Bible - Etudes sur les Réformateurs du XVIe siècle*, Paris : Beauchesne, 1980, p. 95.

Préface

Karin et Claude Bouchot, un couple de chrétiens, nous livrent ici un essai intéressant, une bonne synthèse des principales opinions sur la question du mal et de la souffrance en rapport avec l'idée d'un Dieu créateur et sauveur. Leur démarche intellectuelle et relationnelle, tout en respectant les opinions exprimées par les différents défenseurs mentionnés dans le livre, privilégie visiblement l'approche de foi pleine d'espérance comme les textes bibliques l'autorisent.

Ecrit dans un langage clair et simple, le livre est bien structuré, avec un vrai souci de pédagogie. Chaque sujet traité bénéficie d'une présentation générale suivie d'une description spécifique de différentes options de la pensée humaine sur le mal et de Dieu.

Les auteurs ne revendiquent aucunement un ouvrage académique dans le sens classique du terme. Pourtant tout semble indiquer le contraire aussi bien pour le bonheur du chercheur que pour celui du simple lecteur. Les références bibliographiques employées, nombreuses et variées, en sont la démonstration évidente. D'ailleurs rien que la simple lecture de ces pages ouvre un horizon intéressant, motivant pour la lecture, apte à rejaillir aussi sur d'autres pistes de réflexion. Les sources utilisées n'ont aucune limitation idéologique. Le présent livre (dont la problématique se situe au carrefour de disciplines comme la théologie, la philosophie et l'éthique) fait appel aussi bien à des auteurs protestants, catholiques qu'à des auteurs athées (ou agnostiques). L'essai écrit par Karin et Claude Bouchot lance un réel défi à la recherche en général et représente un encouragement pour l'approfondissement des textes bibliques en particulier.

Aussi, le livre n'a aucune prétention d'exhaustivité (il manque par exemple la souffrance dans la religion musulmane ou l'étude du sujet dans les mondes grec, asiatique et oriental). Mais étant donné les dimensions raisonnables de l'ouvrage, ceci n'est pas grave car les principaux points de vue y sont bien représentés. La méthodologie employée tient compte de la perspective chrétienne.

Un questionnement sûrement personnel doit se trouver à l'origine d'un sujet comme celui qui nous est exposé ici. Effectivement, l'étude proposée examine les notions de Dieu, de son amour pour ses créatures, du mal et de la souffrance. Or, il s'avère que si chacun de ces termes est apparemment évident, relevant d'une réalité généralement acceptée, presque indéniable (surtout – malheureusement – pour le mal !), la mise en commun harmonieuse de ces notions peut, par contre, faire l'objet d'interprétations et de traitements différents selon la manière dont on place le regard, la réflexion… l'engagement personnel se situant à l'arrière-plan de ces sujets. Ainsi, face à la souffrance, entre l'approche athée ou celle frôlant le cynisme par exemple, et la conviction engagée de la foi en un Sauveur personnel qui se confronte aux pires souffrances, il y a un écart d'attitude considérable !

D'une manière générale, la souffrance est vue comme une réalité inhérente à notre monde. Plus encore, du point de vue de la révélation judéo-chrétienne, elle est décrite comme conséquence du péché d'Adam et Eve ou faisant désormais partie du monde créé initialement par Dieu. Les mots ne suffisent point : maladies, cataclysmes, chocs, tensions... bref, un monde de liberté où les choix concrets des hommes s'expriment à travers regards, paroles ou gestes. C'est ainsi que certains sujets ou passions diverses peuvent causer de multiples souffrances parfois – hélas – irréparables !

Contrairement à notre monde, le Royaume de Dieu ne comporte pas de souffrance. La mission confiée à l'homme consiste « justement de faire reculer les frontières du mal et de la souffrance pour contribuer à faire advenir le Royaume[1] ». Dieu n'est pas un Dieu posant problème au bonheur de l'homme... Si problème il y a, il n'est pas du côté de Dieu, mais de l'homme. Avec l'arrivée du péché, nous constatons en effet que la présence de l'homme dans un ensemble sociétal et les expressions des différents registres de son individualité (autrement dit, pour reprendre les catégories développées par Paul Ricœur[2] : la pensée, l'action et les sentiments) constituent des réalités qui éclatent comme des notes

---

1. Guy Durand, Jean-François Malherbe, *Vivre avec la souffrance*, Saint-Laurent : Fides, 1992, p. 37.

2. Nous pensons notamment au livre très connu de Paul Ricœur, *Le mal, un défi à la philosophie et à la théologie*, Genève : Labor et Fides, 2004.

discordantes évidentes par rapport au cadre idéal premier dans lequel Dieu avait placé l'homme. « La création est belle et exaltante quoique toujours en chantier. La mission de l'être humain, sa vocation globale, est de parfaire cette création, de la mener à terme et notamment de travailler à diminuer, sinon à supprimer le mal et la souffrance[1]. » D'où la nécessité urgente de son implication dans la gestion des affaires de ce monde, notamment par rapport à une responsabilisation de sa propre personne dans le cadre des relations humaines de famille, d'église, de société…

Alors, quelle attitude prendre face à la souffrance ? Plusieurs options s'ouvrent à l'homme. Des éventualités qui vont de la simple résignation à la révolte ou à un déchainement – parfois sauvage – d'énergies inconnues auparavant pour donner du sens à l'action, à l'implication et à la vie tout simplement. Dans la quête du sens, la réflexion humaine passe par des préférences conceptuelles[2] comme la dualité entre deux forces en conflit (le bien et le mal qui s'affronteraient perpétuellement, selon le manichéisme), la relativisation de la souffrance (la philosophie grecque en général, Héraclite au VIe siècle av. J.-C. en particulier), la négation de la souffrance (en Occident dans une certaine mesure, la philosophie stoïcienne, en Orient, le bouddhisme) ou tout simplement, un scandale (c'est tout le regard

---

1. Guy Durand, Jean-François Malherbe, *op. cit.*, p. 37.
2. Pour ces différentes options, voir François Rouiller, *Le scandale du mal et de la souffrance chez Maurice Zundel*, Saint-Maurice : Ed. Saint-Augustin, 2002, p. 13-16.

critique, finalement athée, qui finit par adopter cette position).

Qui pourrait rester indifférent face à la souffrance et tolérer autour de soi tant d'atrocités, de douleurs et d'injustice ? Jamais un esprit sain ne préférera la souffrance, ne la recherchera ou en fera les éloges d'une manière ou d'une autre ! L'acceptation sans réserve de l'enseignement biblique sur la souffrance de Dieu lui permettra d'être capable de l'assumer véritablement, de façon plutôt active que résignée. A chacun d'identifier les formes concrètes que la foi chrétienne propose pour résister au mal. Sur le plan de la compréhension, les textes bibliques montrent que, malgré l'existence du mal, Dieu est juste.

Un des premiers à formuler des préoccupations systématiques par rapport à la défense du caractère de Dieu est le philosophe Leibniz[1] qui aborde cette problématique autour de la question du mal. La triade qu'il développe permet une distinction entre le mal métaphysique (l'imperfection), le mal physique (la souffrance et la mort) et le mal moral (le péché). D'autres verraient aussi une « différenciation entre le mal comme mal commis et la souffrance comme mal subi ou souffert[2] ».

Dans l'histoire de la pensée philosophique et théologique, l'option qui rallie le plus grand nombre par

---

1. Gottfried Wilhelm Leibniz, *Essais de théodicée sur la bonté de Dieu, la liberté de l'homme et l'origine du mal*, Paris : Flammarion, 1969.
2. Erwin Ochsenmeier, *Mal, souffrance et justice de Dieu selon Romains 1-3*, Berlin : W. de Gruyter, 2007, p. 11.

rapport à la question du mal, est celle qui vise le champ des théodicées. En effet, la théodicée cherche à réhabiliter Dieu devant le problème du mal en prenant en considération trois affirmations formulées conjointement : Dieu est tout-puissant, sa bonté est infinie et le mal existe. Si les deux premières assertions vont de pair avec la notion d'un Dieu Créateur, la troisième formulation trouble l'équilibre des deux premières prises ensemble ou même analysées séparément car, en présence de la réalité du mal, deux constats contradictoires se présentent au penseur : soit Dieu veut résoudre le problème du mal, mais en est incapable (dans ce cas, il fait preuve de faiblesse), soit au contraire, il est en mesure d'ôter le mal, mais ne le veut pas (et, dans ce raisonnement, il n'est pas un Dieu bon) ! « Dieu est-il contraint de permettre le mal ? Alors il n'est pas tout puissant. Le permet-il librement ? Alors il manque de bonté. C'est le dilemme classique, qui a fait tant de victimes au cours des siècles[1]. »

Comment résoudre ce dilemme sans faire de Dieu un monstre ? Voilà le défi qui a été lancé à travers le temps aux sages, qui se sont attachés à résoudre ce problème. Mais ils se sont systématiquement heurtés à de nombreuses difficultés[2] car il est difficile de penser

---

1. Charles Journet, *Le mal - Essai théologique*, Saint-Maurice : Ed. Saint-Augustin, 1988, p. 63.
2. Albert Camus, par exemple, révolté par le scandale du mal, préférera finalement refuser Dieu plutôt que de l'imaginer complice du mal. Il dira : « Je refuserai jusqu'à la mort d'aimer cette création où des enfants sont torturés » (*La Peste*, Paris : Gallimard, 1947, p. 238).

rationnellement à la fois l'existence du mal illustrée par la souffrance du juste, par exemple, et la bonté toute-puissante de Dieu, postulée énergiquement dans les textes. « La perfection divine et la souffrance humaine semblent s'exclure mutuellement dans l'espace de la pensée spéculative. On comprend dès lors que nombre de penseurs, mieux assurés de la souffrance des hommes que de la perfection de Dieu, aient conclu à l'athéisme. Ce n'est pas, toutefois, la seule conclusion possible[1]. »

Le monde dans lequel nous vivons aujourd'hui est distinct de Dieu (parfait), il est donc imparfait. A l'imperfection humaine s'oppose la perfection divine qui, elle, appelle à un monde où le mal n'existera plus. C'est cette vision qui mobilise l'idéal de vie de chaque croyant. « Dans notre incompréhension quant au fonctionnement du monde, il nous échappe à quel point la souffrance peut être belle. Je ne la cherchais pas pour autant, mais lorsqu'elle arrive, nous oublions que Dieu a le contrôle, qu'il est capable de rendre belles les choses les plus misérables[2]. » Face au scandale du mal, la Parole de Dieu oppose une autre réalité, « le scandale de la croix » (Galates 5.11), la seule réponse crédible à la question du mal.

Le présent livre recense les principales interrogations suscitées par l'énigme du mal et son expression tangible, la souffrance… C'est justement au regard de ces

---

1. Guy Durand, Jean-François Malherbe, *op. cit.*, p. 60-61.
2. Gianna Jessen, une activiste pro-vie, rescapée de l'avortement lors d'une conférence à Melbourne en 2008. Cette conférence est disponible sur internet.

questions que cet essai s'avère très utile en essayant d'apporter des éléments de réponse. Par le passé, alors que j'animais un cercle biblique sur la théodicée, j'ai été très heureux d'avoir croisé Karin et Claude. Les échanges que nous avons eus nous ont enrichis réciproquement. Je constate à présent que la problématique suggérée à l'époque à pris beaucoup d'importance chez eux et elle s'est concrétisée sous la forme du présent travail. Le livre que vous avez entre vos mains est le fruit de ce développement. Il interpelle… Sa lecture ouvrira, chez vous aussi, d'autres réflexions, j'en suis certain.

Terminons notre préface par cette prière formulée par une grande figure de la théologie morale contemporaine, disparue il y a quelques années : « Je te bénis, Père, pour le don que tu me fais de ne pas être submergé par mes souffrances mais de trouver encore la force de croire, d'espérer et d'aimer[1]. »

Gabriel Golea
Docteur de la Faculté de théologie
protestante de Strasbourg

---

1. Xavier Thévenot, *Souffrance, bonheur, éthique - Conférences spirituelles*, Paris : Salvator, 1990, p. 28.

Introduction

« Sans doute le mal [écrit Adolphe Gesché, professeur à la Faculté de théologie de l'Université catholique de Louvain] est-il la chose au monde qui nous révolte le plus unanimement. Elle trouble à la fois le cœur et la raison[1]. » A toutes les époques, l'homme a constaté l'universalité du mal et n'a cessé de déplorer son caractère redoutable. En tout temps, ce scandale a soulevé – maintes fois de façon choquante – les interrogations les plus brûlantes mettant généralement Dieu en cause... parfois jusqu'à l'insulter !

Si Dieu est amour, pourquoi donc le mal ? « Pourquoi existe-t-il tant de mal, tout étant formé par un Dieu que tous les théistes se sont accordés à nommer bon[2] ? » s'écriait Voltaire en son temps. Nous aussi – croyants ou non – qui nous heurtons quotidiennement à notre insupportable souffrance ou à celle des autres souvent combien plus insoutenable, inévitablement nous nous posons cette même question... qui, aujourd'hui encore, demeure sans réponse satisfaisante !

Certes, la plupart des souffrances sont consécutives aux mauvais choix de l'homme. Quelqu'un a dit que « 90 %

---

1. Adolphe Gesché, *Le mal*, Paris : Cerf, 2002, p. 11.
2. Voltaire, « Dictionnaire philosophique », *Œuvres complètes de Voltaire*, Vol. 14, Paris : Hachette, 1860, p. 341.

des souffrances sont dues à l'homme » ! Cette affirmation semble tout à fait plausible. Dans la plupart des cas, c'est bien l'homme qui est à l'origine des souffrances, celles qu'il subit lui-même ou qu'il fait subir aux autres. Tous les médias ne cessent de relater régulièrement ces malheurs frappant fréquemment des innocents. Ainsi, par exemple, on ne peut imputer à Dieu de but en blanc la responsabilité des famines et des déséquilibres entre pays riches et pauvres. Ces injustices ne sont-elles pas plutôt dues à la cupidité et à l'égoïsme de certains grands décideurs de ce monde qui, tout simplement, ne désirent pas redistribuer les richesses de façon équitable ! Il serait vraiment trop long de signaler toutes les formes du mal inhérentes aux mauvais choix des hommes. Qui n'a pas été révolté en les constatant – trop souvent – autour de lui ?

Que penser par contre du mal ne résultant pas d'une faute humaine ? Ne sommes-nous pas unanimes à nous indigner face aux cataclysmes naturels, aux épidémies… touchant quelquefois des milliers d'innocents ? Devant cette souffrance scandaleuse, survient alors la grande question de l'humanité : « Pourquoi ? »

Bref, comment concilier le mal avec la bonté de Dieu ? Que de penseurs et théologiens ont essayé – en vain – d'appréhender ce problème du mal et de son expression, la souffrance pour finalement admettre son incompréhensibilité ! Henri Blocher, professeur émérite à la Faculté de théologie évangélique de Vaux-sur-Seine, reconnaît que « l'énigme du mal est le seul mystère opaque de l'Écriture[1] ».

De surcroît, comme l'avoue très humblement le cardinal Charles Journet, « on hésite au moment de toucher au mystère du mal » car la question est difficile et on risque de décevoir : « Quand on parle de Dieu et du mal, la doctrine la plus orthodoxe, si elle est répétée sans être replongée dans la flamme d'où elle est née, si elle n'est pas traversée par quelque secrète vertu de l'Evangile, elle pourra devenir poison, et comment dès lors ne pas trembler de causer le scandale là ou l'on pensait porter la lumière[2]. »

Notre objectif ici n'est donc pas de tenter d'échafauder une nouvelle interprétation de ce thème énigmatique. D'ailleurs, nous en serions bien incapables et cela serait présomptueux de notre part ! C'est pourquoi, plus modestement – non sans nous imprégner de l'humilité de l'homme d'Eglise cité précédemment –, nous nous contenterons de cerner les contours de la question avant de discerner, à travers sa Parole, la réelle réponse d'espoir que Dieu apporte à la question du mal.

En fait, la réflexion menée dans cet essai s'appuie largement sur les travaux d'un certain nombre d'auteurs, scientifiques, philosophes et théologiens ayant particulièrement étudié ce thème. D'autre part, notre

---
1. Henri Blocher, *Doctrine du péché et de la rédemption*, Vaux-sur-Seine : Edifac, 2000.
2. Charles Journet, *Le mal - Essai théologique*, Saint-Maurice : Ed. Saint-Augustin, 1988, p. 13, 18.

réflexion repose – évidemment – sur de nombreux passages bibliques[1]... et pour cause, Dieu n'a-t-il pas à voir avec le mal ?

Face à ce problème, on peut distinguer – en schématisant à l'extrême – quatre grandes attitudes possibles. La réaction des athées (présentée succinctement au chapitre 1) est sans conteste la plus universelle. Le dualisme (chapitre 2) opposant deux principes créateurs éternels – le Bien et le Mal – constitue une autre façon de réagir. Vient ensuite le discours des philosophes (chapitre 3) se proposant de prendre la défense de Dieu en faisant porter la responsabilité du mal sur l'homme. Selon la plupart des philosophes, le mal vient en effet essentiellement de la liberté donnée à l'homme. Cette liberté humaine appelle alors la question difficile – pour ne pas dire scabreuse – de l'origine du mal (chapitre 4). Cependant, l'explication rationnelle du mal se révèle vite insuffisante (chapitre 5). Devant cette énigme, on observe enfin l'attitude classique des chrétiens (chapitre 6). Refusant de se contenter du Dieu des philosophes, ils découvrent dans l'Ecriture un Dieu profondément touché par le mal, comprenant les sentiments de révolte de ceux qui souffrent, et qui finalement – tout en préservant le mystère du mal – apporte une réelle réponse d'espoir à ce scandaleux problème (chapitre 7).

---

1. Sauf indication contraire, nos citations bibliques sont extraites de la Bible Segond (version revue 1975, version révisée 1978 ou Segond 21).

1

L'attitude athée

« La première [écrit encore Adolphe Gesché] et sans doute la plus ancienne et universelle manière de réagir au problème du mal est de s'en prendre à Dieu. *Malum, ergo non est Deus* [Le mal existe, donc Dieu n'existe pas]. Dans le contre-argument du mal, on trouve la forme la plus classique, disons la plus populaire, de l'athéisme. Dieu, considéré comme responsable direct ou indirect du mal, qu'il n'aurait pu ou voulu empêcher, n'existe pas ou ne peut exister, sauf à le considérer comme pervers ou inutile, ce qui ruine son idée[1]. »

Epicure (341-270 av. J.-C.) est l'un des premiers philosophes à s'être posé la question du mal. Voici son raisonnement, rapporté – et réfuté – par l'apologiste chrétien Lactance (env. 250-325) dans son œuvre *De la colère de Dieu* : « Ou Dieu veut ôter le mal et ne le peut, ou le peut et ne le veut, ou il ne le veut ni ne le peut, ou le veut et le peut. S'il le veut et ne le peut, c'est une faiblesse qui ne convient point à un Dieu. S'il le peut et ne le veut pas, c'est une jalousie qui ne convient pas plus à Dieu que la faiblesse. S'il ne le veut et ne le peut, c'est faiblesse et jalousie tout ensemble. S'il le veut et le peut, pourquoi ne l'ôte-t-il pas, et d'où vient

---

1. Adolphe Gesché, *op. cit.*, p. 16.

qu'il y a tant de maux dans le monde[1] ? » Aujourd'hui encore, beaucoup d'athées s'appuient – entre autres – sur ce fameux dilemme d'Epicure pour nier l'existence de Dieu.

A ce propos, Denis Moreau qui enseigne la philosophie à l'Université de Nantes n'hésite pas à écrire : « L'existence du mal, notamment sous ses formes les plus révoltantes (souffrance des innocents, catastrophes naturelles) est une des objections majeures qu'on peut opposer à ceux qui affirment l'existence d'un Dieu doté des caractéristiques que lui reconnaît généralement le monothéisme, un Dieu à la fois créateur, tout-puissant et bon[2]. »

L'archimandrite Placide Deseille, higoumène du monastère orthodoxe de Saint-Antoine-le-Grand, va dans le même sens : « Comment concilier la présence du mal dans le monde avec l'existence d'un Dieu tout-puissant et bon ? Le problème s'est posé de tout temps, mais il se révèle particulièrement angoissant de nos jours. [...] Le scandale du mal est l'une des sources de l'athéisme moderne[3]. »

C'est ce que confirme également le théologien Richard Rice : « Pour les philosophes, la souffrance est la plus

---

1. Epicure, cité par Lactance, « De la colère de Dieu », *Choix de monuments primitifs de l'Eglise chrétienne*, Paris : A. Desrez, 1837, p. 716-717.
2. Denis Moreau, *Dieu et le mal : la théodicée*, Conférence à la Médiathèque de Nantes, 25-1-2007.
3. Placide Deseille, *Le problème du mal*, Saint-Laurent-en-Royans : Monastère Saint-Antoine-le-Grand, 1995.

grande difficulté à laquelle la religion se trouve confrontée. L'un dit que c'est le seul argument athée méritant d'être pris au sérieux. Pour un autre, une souffrance non méritée est un plus grand obstacle à la foi que toutes les objections théoriques réunies. La souffrance non méritée est la roche sur laquelle repose l'athéisme[1]. »

Si, pour les athées, le mal constitue donc un « bon argument » pour contester l'existence de Dieu, il y a bien d'autres raisons pour affirmer le contraire ! Ainsi, en considérant simplement l'univers infini – que les scientifiques décrivent chaque jour avec de plus en plus de précisions – l'homme ne peut éprouver que des sentiments d'admiration, lui suggérant tout naturellement l'idée de la Divinité. Même Voltaire en regardant la nature ne pouvait contredire cette évidence de l'existence de Dieu : « Si une horloge prouve un horloger, si un palais annonce un architecte, comment en effet l'univers ne démontre-t-il pas une intelligence suprême[2] ? »

Oui, il faut vraiment que l'homme se fasse violence pour étouffer l'idée de Dieu, présente confusément en lui. Bref, « il faut beaucoup de foi pour être athée[3] », on connaît cette boutade du missionnaire évangélique Ralph Shallis. En observant notamment la richesse du monde

---

[1]. Richard Rice, « Trouver un sens à la souffrance », *Dialogue Universitaire*, Silver Spring : CEDUA, 2000, 12, n° 2.

[2]. Voltaire, « Satires, Les Cabales », *Œuvres complètes de Voltaire*, Vol. 11, Paris : Librairie de Mme Vve H. Perronneau, 1817, p. 364.

[3]. Ralph Shallis, *Il faut beaucoup de foi pour être athée*, Marne-la-Vallée : Farel, 1986.

vivant – plus de trois millions d'espèces fonctionnant parfaitement malgré l'extraordinaire complexité biologique de chacune –, il semble effectivement difficile de nier l'existence d'un Créateur !

« Observer [par exemple] un oiseau voler, avec toutes ses variations du vol plané, du vol stationnaire à ailes battantes, que nous ne savons même pas reproduire, du piqué sur proie aquatique ou terrestre et de la prise d'ascendance, a de quoi surprendre quand on sait que l'auteur de ces démonstrations aériennes n'a jamais fréquenté d'école de pilotage, ni passé de qualification[1] » s'exclame Pierre Rabischong, doyen honoraire de la faculté de Médecine de Montpellier et vice-président de l'Académie mondiale des technologies biomédicales à l'UNESCO !

Et ce professeur de poursuivre en invitant spécialement les athées et les agnostiques à « une nouvelle réflexion sur la signification du monde vivant. Autrement, c'est la désespérance. […] On ne sait pas trop d'où l'on vient, mais on est sûr de plonger dans le néant après la destruction irréversible du cerveau. Finalement, ne vaut-il pas mieux penser et croire que la pièce que nous jouons dans le théâtre de la vie se termine très mal, car cette plongée dans le néant se fait sans la réponse aux questions que nous sommes obligés de nous poser. Aussi l'hypothèse d'un acte supplémentaire, écrit par un auteur de grand talent, arrangerait bien les choses[2] ».

---

1. Pierre Rabischong, *Le programme Homme*, Paris : PUF, 2003, p. 266.
2. *Ibid.*, p. 330

Une hypothèse tout à fait vraisemblable, pour ne pas dire évidente… proposée dans le dernier chapitre de notre essai.

2

La pensée dualiste

Guy Lazorthes, membre de l'Institut de France, relève ce qui suit dans son volumineux ouvrage regroupant les questions essentielles concernant l'homme, la société et la médecine : « Le monde dans lequel nous vivons est à la fois d'une beauté divine et d'une laideur diabolique. Les hommes furent de bonne heure tourmentés par la question : pourquoi les dieux ont-ils décidé l'existence de deux forces antagonistes ? Pourquoi le mal existe ? Ils supposèrent qu'il ne procède pas de Dieu, qui ne peut être que juste et bon, mais de puissances mauvaises qui lui sont opposées. Ainsi naquirent les religions dites dualistes[1]. »

Le zoroastrisme

En prêchant le dualisme, essence même de sa religion, le philosophe persan Zoroastre est certainement l'un des premiers à vouloir « innocenter Dieu » du mal. Le zoroastrisme fondé sur la lutte permanente entre un Dieu bon (Ahura Mazdâ) et un démon (Ahriman) enseigne aussi la victoire finale du bien sur le mal et d'autres points (libre arbitre, avènement du sauveur suprême Saoshyant, résurrection, jugement final, promesse d'une vie éternelle après la mort, enfer et paradis) qui représentent, soit dit

---

1. Guy Lazorthes, *Sciences humaines et sociales - L'homme, la société et la médecine*, 6ᵉ éd., Paris : Masson, 2000, p. 251.

en passant, une sorte de préfiguration du christianisme… en tout cas, une incontestable révolution religieuse au début du VIIe siècle avant J.-C. !

Selon l'encyclopédie libre Wikipédia, il ne resterait aujourd'hui que 200 000 zoroastriens environ dans le monde, essentiellement en Inde et en Iran[1].

La gnose ou gnosticisme

Contemporain du début du christianisme, le gnosticisme cherche à son tour à éclairer le mystère du mal à travers un enseignement extrêmement compliqué… aboutissant à un dualisme. Comme l'écrit André Benoit, ancien doyen de la faculté de théologie protestante de l'Université de Strasbourg, à l'origine de ce mouvement hétérodoxe, « se trouve une question qui n'a cessé de préoccuper les hommes : comment expliquer l'existence du monde matériel, de la souffrance, de la misère humaine ? Scandale pour les hommes de tous les temps : […] ne pouvant imaginer qu'un Dieu bon soit à l'origine du mal, ils sont tentés d'inventer un "dieu du mal", un dieu imparfait ou borné qui en soit responsable. […] A la base de tout gnosticisme, on trouve la présence d'une pensée dualiste. C'est-à-dire qu'on explique le mal par la présence de deux dieux : celui du bien et celui du mal[2] ».

---

[1]. L'encyclopédie libre Wikipédia, *Zoroastrisme*, [En ligne] http://www.wikipedia.org/ (consulté en décembre 2010).

[2]. André Benoit, « Les règles de la foi », *2000 ans de christianisme*, Vol. 1, Paris : Aufadi - S.H.C. International, 1975, p. 148-149 *passim*.

Le manichéisme

Inspiré notamment du zoroastrisme et de la gnose, le manichéisme – élaboré par Manès (ou Mani) au IIIe siècle après J.-C – professe un dualisme radical opposant deux principes créateurs, égaux et éternels : le Bien et le Mal, traduits respectivement par Lumière et Ténèbres.

C'est ce qu'explique plus en détail le célèbre prédicateur Henri-Dominique Lacordaire dans l'une de ses nombreuses conférences à Notre-Dame de Paris : « Le manichéisme reconnaissait la différence du bien et du mal ; il avouait que le mal tient une grande place dans l'humanité, et que Dieu ne peut être l'auteur d'une si fausse situation. Mais ne connaissant pas la véritable cause de ce désordre, il cherchait à l'expliquer par une pensée tout à fait étrange, qui était l'existence coéternelle de deux pouvoirs également souverains, l'un pour le bien, l'autre pour le mal. Cette doctrine parfaitement absurde, puisqu'elle supposait deux infinis contradictoires, eut au fond de l'Orient un succès qui parvint jusqu'aux plages européennes et menaça la sécurité de l'Evangile[1]. »

En effet, les manichéens « traitaient l'Ecriture sainte de la manière la plus arbitraire et la plus criminelle, prétendant que les livres de l'Ancien Testament étaient l'œuvre du diable, [...] qu'une notable partie du Nouveau Testament était une invention postérieure à l'origine du

---

1. Henri-Dominique Lacordaire, *Conférences de Notre-Dame de Paris*, Paris : Librairie de Mme Vve Poussielgue-Rusand, 1857, p. 343.

livre[1] ». Mais en rejetant ainsi les Evangiles authentiques et surtout les Actes des Apôtres, ils ne manquent pas d'adversaires habiles et puissants, comme entre autres l'illustre Augustin (après sa conversion au christianisme). Un combat d'autant plus facile pour ce père de l'Eglise qu'il connaît particulièrement bien le manichéisme... religion qu'il embrassa – avec enthousiasme – dès 374 à l'âge de vingt ans[2] et dont il ne se déprit qu'à 29 ans[3] !

Le catharisme

Bien que s'enracinant dans les Ecritures, le catharisme – qui apparaît au XIIe siècle – emprunte une grande partie de ses dogmes à l'antique manichéisme. « Sous prétexte d'expliquer l'existence du mal et de la souffrance qui frappent durement les hommes, [souligne le grand historien du Moyen Age et théologien catholique Marie-Dominique Chenu] les Cathares sont dualistes. C'est-à-dire qu'ils affirment l'existence de deux "dieux" : celui du bien, qui est à l'origine de l'esprit, celui du mal, qui est à l'origine de la matière[4]. »

---

1. *Dictionnaire encyclopédique de la théologie catholique*, Traduit de l'allemand par I. Goschler, Vol. 14, Paris : Gaume Frères et J. Duprey Editeurs, 1862, p. 172.
2. Jean Alexandre Buchon, *Choix d'ouvrages mystiques*, Paris : Bureau du Panthéon littéraire,1852, p. 10.
3. Monique Charles, *Saint Augustin, une lumière pour notre temps*, Paris : Editions Pierre Téqui, 2003, p. 78.
4. Marie-Dominique Chenu, « Pourquoi l'Eglise ne pouvait admettre l'hérésie cathare ? », *2000 ans de christianisme*, Vol. 3, Paris : Aufadi - S.H.C. International, 1975, p. 132.

En sorte que l'âme, pour les Cathares, est une création de Dieu, principe du bien, tandis que le corps humain, fait partie de la « matière » créée par Satan, le principe du mal ! Ainsi, comme tout contact volontaire avec la matière foncièrement mauvaise est un péché, ceux-ci – afin de délivrer l'âme du mal – imposent la chasteté et l'ascèse à l'élite de leurs adeptes (les parfaits) !

Par ailleurs – aux yeux de l'Eglise catholique –, trop d'autres éléments du catharisme contraires à la pensée chrétienne ne font qu'aggraver l'hérésie... contre laquelle il faut donc lutter ! La persuasion ne suffisant pas pour en venir à bout, l'Eglise songe alors à des méthodes plus rigoureuses. Rappelons simplement ici que les Cathares – connus en France sous le nom d'Albigeois – sont finalement l'objet d'une sanglante et impitoyable croisade lancée par le pape Innocent III en 1208. « C'est dans ce contexte qu'apparaît l'ordre dominicain qui se caractérise par une lutte sans relâche contre l'hérésie cathare[1]. »

Soulignons d'autre part le concours actif et déterminé apporté par l'Inquisition médiévale (créée par le même pape), celle-ci atteignant son triste apogée lors de cette répression cathare. Un siècle plus tard, l'hérésie est enfin extirpée... au nom du Bien ! « Le catharisme disparaît sous les coups des croisés, puis des Inquisiteurs.

---

1. L'encyclopédie libre Wikipédia, *Ordre des Prêcheurs*, [En ligne] http://www.wikipedia.org/ (consulté en décembre 2010).

Mais l'Eglise n'a-t-elle pas terni durablement l'image qu'elle offre au monde[1] ? »

---

1. Jacques Penuel, « La croisade des Albigeois », *2000 ans de christianisme*, Vol. 3, Paris : Aufadi - S.H.C. International, 1975, p. 140.

3

Le discours philosophique

De tout temps, des philosophes et théologiens ont voulu « répondre à ceux qui pensent que le mal dans le monde est en contradiction avec la bonté de Dieu. La théodicée [terme créé en 1710 par le philosophe allemand Leibniz pour définir cette entreprise de justification rationnelle] se comprend comme une défense de Dieu contre une telle critique[1] ».

Plus précisément, « le terme de théodicée signifie étymologiquement justice de Dieu (du grec *théos*, Dieu, et *dikè*, justice), c'est un discours se proposant de justifier la bonté de Dieu par la réfutation des arguments tirés de l'existence du mal dans ce monde, et par suite la réfutation des doctrines athées ou dualistes qui s'appuient sur ces arguments[2] ».

Ainsi, parmi les diverses théodicées avancées par les philosophes, on peut, avec Claude Demissy, pasteur dans l'Eglise réformée d'Alsace et de Lorraine, en discerner trois principales... renfermant une part de vérité : « La première insiste sur l'ignorance ultime des humains et montre comment le mal peut, au bout du compte,

---

1. Dominique Ndeh, *Religion et éthique dans les discours de Schleiermacher*, Paris : L'Harmattan, 2008, p. 21.
2. L'encyclopédie libre Wikipédia, *Gottfried Wilhelm Leibniz*, [En ligne] http://www.wikipedia.org/ (consulté en décembre 2010).

déboucher sur le bien, comme cela arrive parfois. [...] La seconde affirme la dimension pédagogique du mal : c'est parce qu'un enfant s'est brûlé le bout du doigt qu'il sait que le feu est dangereux. [...] La troisième rappelle que le mal est d'abord une production humaine, il découle donc de la liberté d'action des créatures[1]. » Attardons-nous maintenant sur ces trois arguments, les plus souvent utilisés pour disculper Dieu de la responsabilité du mal.

Le mal peut parfois servir au bien

Il est vrai, de situations s'avérant sur le coup catastrophiques peuvent résulter – certes, souvent avec le temps – des bienfaits significatifs et inattendus. C'est le cas par exemple du limon déposé dans les pays de vallée par les crues dévastatrices. Fertile limon qui, en enrichissant les terres agricoles, favorise les cultures vivrières... avant de réjouir les ventres affamés ! C'est ce que dit sans ambages Volkhard Spitzer, pasteur de la City Kirche à Berlin : « Le fumier d'hier peut devenir l'engrais de demain[2] ! »

Si aucun d'entre nous dans sa vie n'est épargné de toute souffrance ou situation difficile, pourquoi même – dans la mesure du possible – ne pas en tirer profit

---

1. Claude Demissy, *Un sens à ta vie*, Lyon : Olivétan, 2005, p. 16.
2. Volkhard Spitzer, *50 Jahre Verkündigungsdienst*, Prédication, Berliner Kosmos, Berlin, 22 août 2010.

immédiatement[1] ? Dans le Nouveau Testament, c'est exactement l'optique de Jacques, frère de Jésus : « Mes frères, considérez comme un sujet de joie complète les diverses épreuves auxquelles vous pouvez être exposés, sachant que la mise à l'épreuve de votre foi produit la persévérance » (Jacques 1.2-3).

L'apôtre Paul ne dit pas autre chose : « Par Jésus [...] nous nous réjouissons même dans nos détresses, car nous savons que la détresse produit la patience, la patience produit la résistance à l'épreuve et la résistance l'espérance » (Romains 5.2-4, Bible en français courant[2] révisée en 1997). « Nous savons, du reste, que toutes choses concourent au bien de ceux qui aiment Dieu » (Romains 8.28).

Dieu est capable de transformer en bien même ce qui lui a déplu. Ainsi, à la fin de l'histoire biblique de Joseph, nous lisons qu'il « a voulu changer ce mal en bien » (Genèse 50.20, BFC). « Dieu permet la tempête pour démontrer qu'il est le seul abri » a pu écrire un auteur (inconnu) ! « Le malheur peut être un pas vers le bonheur » dit aussi un proverbe japonais.

---

1. Ainsi, le premier auteur – qui doit surmonter au quotidien l'impact de l'intrication de plusieurs pathologies chroniques éprouvantes la touchant depuis 1992 – ose dire, sans présomption, que certains passages de ce livre ont été écrits « à la faveur » de nuits de souffrances et d'insomnie !
2. Par la suite, chaque fois que nous nous référerons à cette Bible, nous mentionnerons seulement le sigle BFC.

Bref, « le mal peut servir au bien, mais que le mal puisse devenir bien, que le bien se change en mal, la conscience ne le conçoit pas et ne l'admet pas[1] ».

La souffrance éducative

« Dieu [écrit le professeur de théologie Georges Stéveny] s'en sert pour nous faire sentir nos besoins et nous avertir des dangers nombreux qui nous menacent. [...] Dieu n'est pas seulement créateur, il est père, et prend au sérieux la formation de ses enfants. Cela ne va pas toujours sans mal. Mais sous cet éclairage, la douleur consécutive aux erreurs physiques ou morales prend une allure positive et bénéfique : en nous redressant, elle nous fait participer à la sainteté. La correction conditionne le progrès. [...] Convenons que la notion de souffrance utile révulse, à première vue, celui qui ploie sous l'épreuve. Elle existe pourtant, même si elle ne concerne qu'une frange limitée des peines dont l'humanité est frappée[2]. »

Les situations douloureuses permettent aussi quelquefois de se rapprocher de Dieu, les témoignages ne manquent pas à ce sujet. « L'oeil ne voit bien Dieu qu'à travers les larmes[3] » soutient Victor Hugo ! De même, Thomas Watson : « Quand Dieu couche les hommes

---

1. Charles Secrétan, *Recherches de la méthode qui conduit à la vérité sur nos plus grands intérêts*, Neuchâtel : Librairie de Charles Leidecker, Editeur, 1857, p. 277.
2. Georges Stéveny, *L'énigme de la souffrance*, Dammarie-lès-Lys : Vie et Santé, 1996, p. 21 et 117.
3. Victor Hugo, *Philosophie prose*.

sur le dos, alors ils regardent le ciel[1]. » Enfin, Alfred de Musset : « L'homme est un apprenti, la douleur est son maître. Et nul ne se connaît, tant qu'il n'a pas souffert[2]. » « Rien ne nous rend si grands qu'une grande douleur[3]. »

Le mal vient essentiellement de la liberté donnée à l'homme

Selon le discours philosophique courant, l'origine du mal doit être recherchée dans la liberté que Dieu a voulu donner à l'homme. C'est aussi l'avis de Claude Demissy, déjà cité : « Si l'origine du mal se trouve dans l'homme parce qu'il use de sa liberté avec malveillance, alors Dieu peut en être exonéré. [...] C'est en effet, bien souvent l'être humain qui est à l'origine du mal à cause de son égoïsme et de sa volonté de pouvoir. Dieu a voulu créer l'être humain comme un sujet libre. Ce faisant il a pris le risque d'une réponse ingrate ou hostile de sa part, et c'est ce qui s'est effectivement produit. Si Dieu, lors de la création, avait voulu se garantir contre cette manifestation funeste de la liberté, il aurait tout simplement dû la supprimer. Par conséquent, il n'aurait pas fait des femmes et des hommes, mais des pantins ou des marionnettes[4]. » La Bible enseigne en effet que Dieu

---

1. Thomas Watson, Citation, Site Evene.fr, [En ligne] http://www.evene.fr/ (consulté en décembre 2010).
2. Alfred de Musset, « La Nuit d'Octobre », *Poésies complètes de Alfred de Musset*, Paris : Charpentier, 1840, p. 374.
3. *Ibid.*, « La Nuit de Mai », p. 351.
4. Claude Demissy, *Le mal*, [En ligne] http://www.epal.fr/cate/reperes/lemal.html (consulté en juillet 2007).

a créé l'homme libre : « Vois, je mets aujourd'hui devant toi la vie et le bien, la mort et le mal. [...] la bénédiction et la malédiction. » (Deutéronome 30.15-19).

Dans son œuvre remarquable, intitulée *Ontologie de la liberté*, le grand philosophe italien Luigi Pareyson souligne l'importance de la liberté humaine : « Pour l'homme, la liberté, qui est son essence et sa dignité, est la chose la plus précieuse, même si elle va de pair avec le risque inévitable d'un usage négatif. C'est ainsi que Dieu la considère et il conserve envers elle le plus grand respect, quel qu'en soit l'exercice, positif ou négatif. [...] L'œuvre humaine aurait pu être considérée comme réussie si elle avait été confirmée par la libre adhésion de l'homme, mais il semble que l'homme ne puisse affirmer sa liberté que par la désobéissance et la révolte au moyen desquelles il introduit le mal dans le monde, empoisonne toute la réalité et conduit la création à l'échec. [...] Au nom de son estime pour la liberté humaine, Dieu fut contraint d'accepter, tout en la condamnant et en acceptant ses conséquences, la décision négative de l'homme. En usant de la liberté, l'homme est allé beaucoup plus loin qu'il n'est nécessaire pour en donner la mesure ; Dieu s'est trouvé alors contraint de distinguer son respect pour la liberté humaine et sa réprobation de l'usage négatif qu'en fait l'homme[1]. »

A l'occasion du Congrès Liturgique qui s'est tenu à l'abbaye de Fontgombault du 22 au 24 juillet 2001, de

---

1. Luigi Pareyson, *Ontologie de la liberté - La souffrance et le mal*, Traduction par Gilles A. Tiberghien, Paris : Ed. de l'Eclat, 1998.

son côté, Joseph Ratzinger, cardinal à l'époque, a pu affirmer à ce sujet : « Cette philosophie de la liberté, qui est à la base de la foi chrétienne et la différencie des religions asiatiques, inclut la possibilité de la négation. Le mal n'est pas une simple décadence de l'être, mais la conséquence d'une liberté mal utilisée[1]. »

---

1. Joseph Ratzinger, *La Théologie de la Liturgie*, Conférence donnée à l'abbaye de Fontgombault, *La Nef*, 2001, n° 120.

4

La liberté humaine appelle la question de l'origine du mal

Hélène Bouchilloux, professeur de philosophie à l'Université de Nancy 2, écrit à propos de l'origine du mal : « Les anciens disposaient dans la matière d'un principe incréé et indépendant de Dieu, dans lequel ils pouvaient placer l'origine du mal, en réservant à Dieu l'origine du bien. Les modernes ne soustrayant pas la matière à la création de Dieu, ils ne disposent plus d'un tel principe et semblent, par suite, devoir tomber dans l'embarras. […] Il faut alors poursuivre l'enquête, chercher l'origine du mal non en Dieu mais en l'homme : le libre arbitre est la cause du mal qu'il commet, la justice de Dieu est la cause du mal qu'il ne subit que pour l'avoir préalablement commis[1]. »

En donnant le libre arbitre à ses créatures (anges puis humains), Dieu leur laissait la capacité de choisir entre le bien et le mal, autrement dit, il créait – en puissance – le mal ! Pour que la liberté ait un sens, Dieu a ainsi donné à ses créatures la possibilité de le rejeter... et de produire par conséquent le mal.

« Au-delà du libre arbitre, [écrit encore Hélène Bouchilloux] l'origine du mal moral [mal commis] est

---

1. Hélène Bouchilloux, *Qu'est-ce que le mal ?*, Paris : Vrin, 2005, p. 29, 32.

donc à chercher dans la volonté de Dieu, dans la volonté qui préside à la création du monde[1]. » A cet égard, le récit du jardin d'Eden semble être une piste intéressante. On peut y lire notamment que Dieu fit pousser du sol du jardin l'arbre de la connaissance du bien et du mal et donna l'ordre à l'homme, sous peine de mort, de ne pas manger du fruit (Genèse 2.9, 17). Cet arbre symbolique peut-il nous aider à trouver réponse à la question de l'origine du mal… ou ne marque-t-il pas au contraire la frontière du divin commandant à la raison de s'arrêter devant cette énigme ? Pensant que l'explication de l'origine du mal dépasse de loin les capacités humaines, nous optons clairement pour la deuxième proposition, la plus largement admise.

Cela dit, dans l'Ancien Testament, Job fait cette remarque osée, mais difficile à contredire puisque Dieu lui-même ne conteste pas cet argument de Job : « Va-t-on recevoir du bien de la main de Dieu, et ne va-t-on pas recevoir du mal ? » (Job 2.10). Pareillement pour le prophète Jérémie pour qui Dieu est souverain sur tout : « N'est-ce pas de la volonté du Très-Haut que viennent les maux et les biens ? » (Lamentations 3.38). Citons en outre cette phrase bien connue du « Notre Père » prouvant que Dieu permet que ses créatures soient parfois soumises à la tentation : « Ne nous induis pas en tentation, mais délivre-nous du mal » (Matthieu 6.13), et enfin cet autre passage qui relate une parole de Dieu même s'adressant à Moïse : « L'Eternel lui dit : Qui a fait la bouche de l'homme et qui rend muet ou sourd,

---

1. *Ibid.*, p. 39.

voyant ou aveugle ? N'est-ce pas moi, l'Eternel ? » (Exode 4.11). Aussi, pouvons-nous dire sans équivoque que le mal n'échappe pas au pouvoir de Dieu, sa genèse se perd dans les abysses de la création !

Dans son ouvrage déjà mentionné, Luigi Pareyson, tente justement une descente scabreuse au plus profond de cet abîme divin afin de dévoiler – quelque peu – l'origine du mal : « Dieu est sans aucun doute l'origine du mal, mais il n'en est certainement pas le réalisateur, ce qu'est l'homme uniquement sur le plan de l'histoire. [...] En Dieu non seulement le bien mais le mal trouvent leur origine, non pas au sens où il en serait l'auteur mais au sens où, dans l'insondable abîme de la liberté, il donne lieu et même cède la place à la liberté humaine, de sorte que l'auteur du mal est l'homme et seulement lui. Céder la place à la liberté humaine ce n'est pas autre chose, au fond, que prolonger l'ambiguïté divine. [...] Grâce à la sensibilité et à la puissance de sa liberté, l'homme est en mesure non seulement de deviner et de surprendre la présence du mal en Dieu, mais aussi de réaliser le mal qui était en lui comme simple possibilité. En ce sens, on peut dire que l'homme réveille sur la scène cosmique le mal qui était assoupi en Dieu. [...] Avant tout, la chute de l'homme est un acte libre. Elle est à la fois un événement de l'histoire éternelle et le début de l'histoire humaine[1]. »

Bref, il faut l'admettre, le discours philosophique – qui amène à comprendre le mal comme une œuvre de la

---

1. Luigi Pareyson, *op. cit.,* p. 157-160 *passim.*

liberté humaine – nous laisse un peu sur notre faim. En plaçant la cause du mal moral dans la liberté, le mystère demeure en effet quant à l'origine du mal non consécutif au choix des hommes ! Cette faiblesse de la théodicée est précisément l'objet du chapitre suivant.

5

L'explication rationnelle du mal se révèle vite insuffisante

Bien que renfermant une part de vérité, les diverses théodicées avancées par les philosophes ne sont pas sans faiblesses. Ainsi, la théodicée reposant sur l'argument du libre arbitre est impuissante à expliquer le pourquoi des cataclysmes naturels, des épidémies, de la souffrance de l'innocent, des injustices ne résultant pas du choix des hommes... bref, tout simplement le pourquoi de la mort ! De toute évidence, le discours philosophique achoppe sur l'impossibilité de concilier la réalité du mal avec l'existence d'un Dieu bon et tout-puissant sans faire porter la responsabilité du mal sur Dieu.

« En affrontant le problème du mal, [écrit encore le philosophe Luigi Pareyson] la philosophie s'est montrée au cours des siècles extraordinairement démunie si ce n'est même proprement insuffisante, au point qu'il ne semble pas hasardeux d'affirmer que si Augustin et Pascal disent des choses si profondes sur le sujet, c'est moins comme philosophes que comme chrétiens. [...] Il se pourrait que face au mal il ne reste plus à la raison d'autre possibilité que de comprendre qu'elle ne le peut comprendre, auquel cas l'unique compréhension philosophique que l'on puisse avoir du mal consisterait à rendre compte de son incompréhensibilité[1] » !

---

1. *Ibid.*, p. 119-122 *passim*.

Voltaire avait bien raison d'écrire : « La question du bien et du mal demeure un chaos indébrouillable pour ceux qui cherchent de bonne foi ; c'est un jeu d'esprit pour ceux qui disputent : ils sont des forçats qui jouent avec leurs chaînes[1] ». Pareillement, Victor Hugo, un peu plus tard : « Si je pouvais expliquer le mal, je pourrais expliquer Dieu, si je pouvais expliquer Dieu, je serais Dieu[2] » !

Bernard Mercier, professeur de théologie à l'Université Catholique de l'Ouest, exprime la même conviction : « Dire que Dieu est tout puissant, que sa bonté est infinie, et que pourtant le mal existe, tout cela peut-il être totalisé par la seule raison avec des arguments de non-contradiction ? N'y a-t-il pas là une ambition démesurée qui nous laisse en fin de compte insatisfaits ? Il reste un mystère du mal. [...] Et Dieu ne peut pas être complètement innocenté. [...] D'autre part, si le mal existe avec la souffrance des humains, il a bien fallu que d'une façon ou d'une autre, Dieu le permette, fut-ce pour sauvegarder la liberté de l'homme. [...] Si le scandale du mal ne peut être éludé, il ne convient pas de le résoudre par la seule raison et de bons arguments[3]. »

En résumé, « la théodicée ne peut pas résoudre les problèmes du mal et du sens de la vie, parce qu'en un

---

1. Voltaire, « Dictionnaire philosophique », *Œuvres complètes de Voltaire*, Paris : Antoine-Augustin Renouard, 1819, p. 214.

2. Victor Hugo, *Œuvres complètes*, Paris : Librairie Ollendorff, 1908, p. 394.

3. Bernard Mercier, *Penser Dieu avec la souffrance*, [En ligne] http://famille.delaye.pagesperso-orange.fr/ (consulté en décembre 2010).

sens, ces problèmes n'ont pas de solution, mais au moins, elle les délimite, les analyse de façon rationnelle et critique[1] ». C'est pourquoi, face à cette aporie du mal, certains grands philosophes (Emmanuel Kant et plus récemment Paul Ricœur) n'hésitent pas à s'intéresser à la Bible et à se mettre à l'école des exégètes... afin de « penser plus et autrement[2] ». Comme eux, nous reconnaissons effectivement que la théologie à ce sujet, va plus loin que la philosophie, un développement présenté dans le prochain chapitre.

---

1. Venant Cauchy, « Philosophie et culture », *Actes du XVIIe Congrès Mondial de Philosophie*, Vol. 2, Montréal : Editions du Beffroi, 1988, p. 285.

2. Paul Ricœur, *Lectures 3 : Aux frontières de la philosophie*, Paris : Seuil, 1994, p. 228.

6

Le point de vue chrétien

Devant le scandale du mal, on peut enfin distinguer une autre grande attitude possible, celle des chrétiens… que nous allons maintenant tenter de cerner. Si jusqu'ici, pour éclairer notre lanterne, nous avons tiré grand profit des connaissances apportées surtout par les philosophes, nous puiserons donc désormais essentiellement et nécessairement dans le savoir des théologiens. Relayant le discours philosophique, la Bible appréhende le problème du mal d'une tout autre manière, et – étonnamment – en respecte l'énigme ! Si, elle non plus, n'entend pas expliquer le mal – et encore moins le justifier – elle nous aide par contre à mieux connaître Dieu.

Ainsi, le livre de Job nous dépeint un Dieu qui n'abandonne pas l'homme cruellement éprouvé même si les voies de sa justice demeurent impénétrables. L'Ecriture nous révèle aussi un Dieu bon et juste manifestant pourtant quelquefois vis-à-vis de ses créatures un silence déconcertant... ou une colère implacable ! Mais, fondamentalement, la révélation biblique nous montre surtout un Dieu d'amour pour qui le combat de l'homme contre le mal est aussi le sien, car étant en fait le premier touché par ce scandale. Avant d'aborder ces différents thèmes, disons un mot sur Satan et sur la réalité de la souffrance humaine ici-bas.

Satan, l'opposant

Si nous devons prendre très au sérieux la puissance dévoyée de Satan – que Jésus-Christ désigne comme le « prince de ce monde » (Jean 12.31) – cela ne signifie pas pour autant qu'il y ait un partage de pouvoir entre Dieu et lui. Au contraire, le Christ affirmant par ailleurs que « tout pouvoir » lui a été « donné dans le ciel et sur la terre » (Matthieu 28.18), il faut abandonner cette vision dualiste consistant à faire de Satan quelqu'un de tout puissant qui soit presque l'égal de Dieu.

Satan n'est qu'une créature angélique – certes, la plus éminente – qui, disposant aussi du libre arbitre, s'est rebellée contre Dieu. Bien qu'il soit « supérieur en force et en puissance » (2 Pierre 2.11) par rapport à l'homme, son pouvoir – « prêté » par Dieu – est toujours contrôlé par la toute-puissance divine. Il ne peut pas faire ce qu'il veut. Ainsi, un auteur anonyme le compare à un chien très dangereux mais tenu en laisse par Dieu !

Pourquoi Dieu a-t-il permis à Satan d'être le maître de ce monde, du moins de ceux qui font le choix de le suivre ? Pourquoi Dieu a-t-il de la sorte toléré une souveraineté rivale et limité – temporairement – sa toute-puissance ? Bref, pourquoi Dieu n'a-t-il pas supprimé Satan dès sa rébellion ? Des questions que beaucoup de croyants et de non-croyants se sont posées et continuent de se poser aujourd'hui, mais qui ne trouvent pas de réponse dans la Bible.

Cela fait partie des secrets de Dieu qu'il est inutile de tenter de dévoiler tant ceux-ci débordent l'entendement humain. « Les choses cachées sont à l'Éternel, notre Dieu » reconnaît Moïse (Deutéronome 29.29). Pareillement, plus tard, l'apôtre Paul parle du « mystère de l'iniquité » (2 Thessaloniciens 2.7). « Dieu est et restera toujours [écrit Louis Schweitzer qui enseigne l'éthique et la spiritualité à la Faculté de théologie évangélique de Vaux-sur-Seine] au-delà de ce que nous pouvons concevoir. Et si, à cause de la révélation, nous pouvons parler de lui (à sa suite), nous ne pouvons néanmoins jamais faire le tour du mystère de son être[1]. » Mieux connaître Dieu au travers sa Parole : oui, donc… sans dépasser certaines limites imposées ! L'arbre de la connaissance du bien et du mal mentionné précédemment ne symbolise-t-il pas l'inévitable frontière – à ne pas franchir – marquant la différence entre le Créateur et ses créatures ?

La Bible – même si elle ne résout pas l'énigme du mal – nous apporte une autre consolation : Satan a déjà été vaincu virtuellement à la croix et bien que prince de ce monde (seulement pour un temps limité), le jour viendra où il sera jeté dans « l'étang de feu » avec ses suppôts. En effet, par l'œuvre de rédemption de son Fils Jésus-Christ, Dieu « nous a délivrés de la puissance des ténèbres » (Colossiens 1.13) et ce « Dieu de paix écrasera bientôt Satan sous vos pieds » (Romains 16.20, cf. Genèse 3.15).

---

1. Schweitzer Louis, *Si Dieu existe, pourquoi le mal ?*, Marne-la-Vallée : Farel, 2005, p. 50.

La souffrance, une réalité inévitable de la vie

Dès les premières pages, la Bible évoque l'origine de la souffrance humaine. Ainsi peut-on lire dans le livre de la Genèse : « L'Eternel Dieu prit l'homme et le plaça dans le jardin d'Eden pour qu'il le cultive et le garde. L'Eternel Dieu donna cet ordre à l'homme : Tu pourras manger les fruits de tous les arbres du jardin, mais tu ne mangeras pas le fruit de l'arbre de la connaissance du bien et du mal, car le jour où tu en mangeras, tu mourras, c'est certain » (Genèse 2.15-17). Hélas, depuis la chute d'Adam et Eve, cette condamnation (Genèse 3.15-19) pèse sur toute la famille humaine. Dans ce contexte, la désobéissance de l'homme est bien la raison fondamentale de l'entrée de la souffrance dans le monde.

Notons que le comportement regrettable du premier homme a non seulement engendré un monde de souffrance et de mort, mais de surcroît, la malédiction de la terre (Genèse 5.29), à tel point que la création entière attend avec impatience sa délivrance (Romains 8.19-22).

Tout au long de la Bible, des hommes – regardant vers le ciel – crient leur souffrance et disent leur révolte à Dieu : « La douleur qui me ronge ne se donne aucun repos, […] Dieu m'a jeté dans la boue, et je ressemble à la poussière et à la cendre. Je crie vers toi, et tu ne me réponds pas. Je me tiens debout, et tu me lances ton regard. Tu deviens cruel contre moi » (Job 30.17-21) ; « Si je parle, mes souffrances ne seront point calmées. Si je me tais, en quoi seront-elles moindres ? » (Job 16.6) ; « Et maintenant, ô notre Dieu, […] ne regarde pas comme peu de chose toutes les souffrances que nous avons éprouvées » (Néhémie 9.32) ; « Ma vie se consume dans la douleur, et mes années dans les soupirs » (Psaume 31.11) ; « Pourquoi ma souffrance est-elle continuelle ? » (Jérémie 15.18)…

A plusieurs reprises dans sa Première Epître, Pierre voit dans la souffrance une réalité incontournable pour le croyant de tous les temps : « Mes bien-aimés, ne trouvez pas étrange d'être dans la fournaise de l'épreuve, comme s'il vous arrivait quelque chose d'extraordinaire » (1 Pierre 4.12) ; « Résistez-lui [au diable] avec une foi ferme, sachant que les mêmes souffrances sont imposées à vos frères dans le monde » (1 Pierre 5.9) ; « Si vous supportez la souffrance lorsque vous faites ce qui est bien, c'est une grâce devant Dieu » (1 Pierre 2.20)…

Enfin, le Christ – ayant dû affronter lui-même la tentation au désert – ne cache pas la réalité de la souffrance dans la vie chrétienne, cette dernière requérant en effet un effort (héroïque) pour ceux qui veulent marcher derrière lui : « Si quelqu'un veut venir après moi, qu'il renonce à lui-même, qu'il se charge de sa croix, et qu'il me suive » (Marc 8.34). Soit dit en passant, cette expression biblique « porter sa croix », qui s'est répandue dans le langage courant, illustre bien l'implacable présence de la souffrance dans toute vie humaine.

Cependant, en se chargeant de sa croix, le chrétien a la pleine assurance de l'accompagnement de Jésus-Christ : « Venez à moi, vous tous qui êtes fatigués et courbés sous un fardeau, et je vous donnerai du repos. Acceptez mes exigences et laissez-vous instruire par moi, car je suis doux et humble de cœur, et vous trouverez le repos pour votre âme. En effet, mes exigences sont bonnes et mon fardeau léger » (Matthieu 11.28-30). De plus, tout homme est invité à se décharger sur lui de ses soucis : « Déchargez-vous sur lui de tous vos soucis, car lui-même prend soin de vous » (1 Pierre 5.7). Bref, dans leur vie quotidienne face à la souffrance, la fidélité du Christ accompagne tous ceux qui lui obéissent.

Job, le révolté

Le livre de Job dans l'Ancien Testament est certainement le premier texte de la Bible à explorer lorsqu'on étudie le problème du mal. Job, homme intègre et juste, doit subir les pires souffrances qui dépassent même notre imagination. Non seulement, il est éprouvé atrocement dans son corps mais de plus, abandonné par sa propre femme et ses amis. Si, souvent dans les situations extrêmes, Dieu suscite une âme compatissante pour réconforter celui ou celle qui se trouve au bord du gouffre, il n'en est rien pour Job, l'exemple même de la souffrance innocente et de la patience. Son histoire et sa victoire finale doivent nous faire réfléchir. De toute évidence, en ne cessant d'espérer en Dieu et en faisant preuve d'une fidélité absolue dans les bons et les plus mauvais jours, Job fait le meilleur choix en démontrant qu'il n'obéit pas par intérêt (Job 1.9).

Rappelons ici qu'au temps de l'Ancien Testament, c'est le modèle de la rétribution – strictement terrestre – qui dicte la pensée des enfants d'Israël. Ceux-ci croient en effet que Dieu « rétribue » ici-bas les hommes selon leurs actes, autrement dit que les justes sont récompensés par une longue vie tranquille et prospère tandis que les pécheurs sont condamnés à une vie malheureuse, courte et sans descendance... en attendant avec frayeur – justes comme pécheurs, d'ailleurs – le sort qui les attend, le sheol[1] où tous resteront abandonnés à jamais.

Bien que cette croyance en la rétribution soit historiquement ancrée dans la réalité quotidienne du peuple d'Israël, certains en voyant « le bonheur des méchants » (Psaume 73.3) – ou en quelque sorte, l'inversion de cette théorie – ont du mal à comprendre la justice de Dieu et se mettent à réfléchir. C'est le cas du roi David (Psaume 37), du psalmiste Asaph (Psaume 73)... et également de Job !

Ainsi, ce héros des temps anciens ose remettre en cause la croyance classique (Job 12.13-25). « Contre cette corrélation rigoureuse [la liaison entre la souffrance et le péché personnel], Job s'élève avec toute la force de son innocence. Il ne nie pas les rétributions terrestres, il les attend, et Dieu les lui accordera finalement [...] Mais c'est pour lui un scandale qu'elles lui soient refusées

---

1. « Sheol est un terme hébraïque intraduisible, désignant le "séjour des morts", la "tombe commune de l'humanité", le puits, sans vraiment pouvoir statuer s'il s'agit ou non d'un au-delà. La Bible hébraïque le décrit comme une place sans confort, où tous, justes et criminels, rois et esclaves, pieux et impies se retrouvent après leur mort pour y demeurer dans le silence et redevenir poussière » (L'encyclopédie libre Wikipédia, *Sheol*, [En ligne] http://www.wikipedia.org/, consulté en décembre 2010).

présentement et il cherche en vain le sens de son épreuve. Il lutte désespérément pour retrouver Dieu qui se dérobe et qu'il persiste à croire bon[1]. »

Dans l'un de ses « grands textes », il arrive finalement à la conclusion que le bien et le mal ont leur sanction outre-tombe plutôt qu'ici-bas, une avancée théologique considérable ! C'est ainsi qu'au-delà de l'espoir d'être délivré de ses maux en ce monde, il ose affirmer – certes, de façon imprécise, la traduction de ce passage reste difficile – son espérance en la résurrection (Job 19.25-27).

Notons cependant en passant que cette idée de survie *post mortem* ne deviendra vraiment une réalité pour le peuple juif qu'à partir du deuxième siècle avant Jésus-Christ. Durant de très nombreux siècles, étonnamment, celui-ci se contente d'une espérance terrestre sans vision d'éternité, ou tout au plus d'une espérance en une survie nationale.

Cela dit, le théologien Adolphe Gesché – déjà cité au début de cet ouvrage – pense justement que la théodicée a échoué dans sa défense de Dieu parce que celle-ci n'a pas eu l'audace d'intégrer l'objection : « La théodicée classique ignore le Dieu de Job et de Jésus-Christ. Elle ignore que l'accusation porte sur un Dieu qui n'est plus de simple épure. Elle ignore la clameur qui monte jusqu'au ciel [...] La théodicée doit prendre acte que l'accusation est portée contre Dieu. [...] N'ayons même pas peur du "blasphème" de Job, Dieu

---

1. *La Bible de Jérusalem*, « Introduction au livre de Job », Paris : Editions du Cerf, 1981, p. 650.

s'y trouve peut-être plus présent que dans les consciences bien-pensantes. [...] En gommant l'objection, celle de nos clameurs, la théodicée classique a biffé jusqu'aux traits mêmes de Dieu. [...] Ce serait se tromper radicalement sur notre Dieu que de l'imaginer incapable de tolérer la contradiction. L'objection peut même dissimuler en son sein une très grande foi[1]. »

C'est véritablement dans le livre de Job que le problème du mal et de la souffrance « sans cause » est posé dans toute son ampleur, loin des restrictions de la raison. Mais ce poème « où la hardiesse de la révolte jobienne et l'ironie de la réponse divine mettent en question la justice de Dieu ou tout au moins la placent en dehors de la justice des hommes[2] » n'explique pas pour autant l'énigme de la souffrance injuste !

Remarquons que le Christ aussi – dans le Nouveau Testament – préserve le mystère du mal. Tout juste dévoile-t-il à ses disciples lui posant une question au sujet d'un aveugle de naissance qu'il n'y a pas toujours de lien entre le malheur et le péché – c'est précisément l'interrogation de Job –, de quoi épaissir un peu plus le mystère du mal : « Maître, pourquoi cet homme est-il né aveugle, à cause de son propre péché ou à cause du péché de ses parents ? Jésus répondit : Ce n'est ni à cause de son péché, ni à cause du péché de ses parents » (Jean 9.2-3, BFC). Mais on sait que le Christ se manifeste

---

1. Adolphe Gesché, *op. cit.*, p. 167-179 *passim*.
2. *TOB - Ancien Testament*, « Introduction au livre de Job », 7ᵉ éd., Paris : Cerf - Les Bergers et les Mages, 1976, p. 1447.

avant tout comme celui qui compatit, guérit et combat le mal.

Un Dieu silencieux

Le silence de Dieu est avant tout le drame de Job. Et pourtant – finalement – Dieu lui répond... comme il répond à beaucoup d'autres, confrontés au silence divin[1] ! « Job, s'il est placé face au silence de Dieu, ne reste pas dans le silence ! Il parle, il crie, il dit sa colère, son malheur à Dieu. Job apprend à ne pas tout comprendre de Dieu. [...] En face du silence de l'infini de Dieu, l'homme prend conscience de sa finitude, de sa limite d'homme[2]. » Ne nous laissons pas désarçonner par les silences inexplicables et « injustifiables » de Dieu qui est en dehors de notre temps et au-dessus de tous ; sa non-intervention ne doit pas nous amener à conclure pour autant au vide du ciel.

A propos du silence de Dieu, thème important de la réflexion des philosophes et des théologiens juifs après la Shoah, le président des rabbins d'Italie, Giuseppe Laras – commentant la visite de Benoît XVI à Auschwitz le 28 mai 2006 –, souligne : « Avant de s'interroger sur le silence de Dieu, il faut s'interroger sur le silence de

---

[1]. Là encore, prime le libre arbitre : « Certains hommes écoutent le silence de Dieu, d'autres le bruit du diable » comme l'écrit, non sans humour, l'écrivain français Hafid Aggoune (*Les Avenirs*, Tours : Farrago, 2004) !

[2]. Jacques Poujol, *Les silences de Dieu*, Prédication, Site Relation-aide.com, [En ligne] http://www.relation-aide.com/ (consulté en décembre 2010).

l'homme : où était l'homme à Auschwitz ? Au fond, l'homme est une créature qui porte imprimée l'image de Dieu. C'est une créature dotée de liberté. Nous devons sûrement considérer que l'homme n'a pas exercé de façon digne le pouvoir de la liberté qui lui a été donnée par Dieu. Donc, avant de se poser une question théologique, il convient peut-être de se poser une question éthique ou sociologique[1]. »

Pour sa part, Luigi Pareyson, fait en outre cette remarque touchante : « Et peut-être le silence de Dieu, qui est si terrible pour l'homme jeté dans le gouffre du péché et de l'angoisse, n'est pas le silence de qui se tait parce qu'il n'est pas, ou de qui se tait parce qu'il a abandonné, mais celui de qui se tait parce qu'il pleure et se tait justement pour pleurer[2] » !

Si de nombreux penseurs se sont interrogés et exprimés sur le silence et l'inaction de Dieu, avant eux, des prophètes et psalmistes de l'Ancien Testament ont crié à Dieu leur incompréhension en lui reprochant son insensibilité au malheur des hommes : « Alors pourquoi regardes-tu sans rien dire ce que font ces gens perfides ? Pourquoi gardes-tu le silence quand les méchants détruisent ceux qui sont plus justes qu'eux ? » (Habacuc 1.13, BFC), « O Dieu, ne t'accorde aucun repos, ne garde pas le silence, ne reste pas inactif » (Psaume 83.2, BFC),

---

1. Giuseppe Laras, Commentaire sur la visite de Benoît XVI à Auschwitz le 28 mai 2006, Site de l'agence d'information catholique ZENIT, [En ligne] http://www.zenit.org/ (consulté en décembre 2010).
2. Luigi Pareyson, *op. cit.*, p. 201-202.

« Réveille-toi ! Pourquoi dors-tu, Seigneur ? Réveille-toi ! Ne nous repousse pas à jamais ! » (Psaume 44.24), « Eternel, tu le vois, ne reste pas en silence ! Seigneur, ne t'éloigne pas de moi ! Réveille-toi, réveille-toi pour me faire justice ! » (Psaume 35.22-23)...

Un Dieu semblant parfois même indifférent : « Seigneur, jusqu'à quand persisteras-tu à m'oublier ? Jusqu'à quand refuseras-tu de me voir ? » (Psaume 13.2, BFC). Ou absent : « Seigneur, pourquoi te tiens-tu éloigné, pourquoi te caches-tu quand la détresse est là ? » (Psaume 10.1, BFC).

Et combien d'autres, dans les moments difficiles de prière sans réponse, ont éprouvé ce sentiment d'abandon ! On ne peut omettre enfin d'évoquer la suprême solitude, celle que Jésus-Christ a expérimentée sur la croix face au silence de Dieu, le Père. Son cri de désespoir ressemble à celui de Job : « Mon Dieu, mon Dieu, pourquoi m'as-tu abandonné ? » (Matthieu 27.46).

Pour revenir à l'Ancien Testament, remarquons qu'après avoir déploré, dans un premier temps, un Dieu absent (cf. Psaume 10.1, cité précédemment), le psalmiste, en définitive, s'enthousiasme pour la grandeur de Dieu... si proche : « Seigneur, tu regardes jusqu'au fond de mon cœur, et tu sais tout de moi. Tu sais si je m'assieds ou si je me lève, longtemps d'avance, tu connais mes pensées. [...] Tu es derrière moi, devant aussi, tu poses ta main sur moi » (Psaume 139.1-5, BFC).

La Bible nous exhorte par ailleurs à développer une foi confiante : « Il est bon d'attendre en silence le secours de l'Eternel » (Lamentations 3.26). Quelqu'un a dit que « la grandeur du juste est précisément d'avoir foi en un Dieu absent » ! « Au fond, la foi n'est-elle pas le corollaire de l'absence ? En présence de quelqu'un, on a recours au sens, non à la foi[1] », remarque judicieusement Georges Stéveny.

En fait, le silence – apparent – de Dieu, loin de devenir une raison de perdre la foi, est pour le croyant une invitation à réfléchir, sans jamais se laisser abattre par les épreuves. « Quand les humains souffrent, Dieu semble souvent ne pas se manifester. [souligne le commentateur du Psaume 10 de *La Bible Expliquée*] A cela, le méchant et le croyant réagissent d'une manière opposée. Le premier défie avec arrogance un Dieu perçu comme amnésique, timide et aveugle ; raffermi dans ses passions coupables, il pense pouvoir continuer à perpétrer ses crimes en toute impunité. Quant au croyant, il s'interroge sur le mystérieux silence de Dieu ; mais, du même souffle, il affirme avec force le souci de Dieu pour les petits, sa fidélité et son engagement envers les malheureux[2]. »

Un Dieu en colère

Bien qu'il ne soit pas de bon ton aujourd'hui de parler de cet autre comportement de Dieu – contrecarrant l'effort de la théodicée et considéré par beaucoup comme attentatoire au religieusement correct –, il faut recon-

---

1. Georges Stéveny, *op. cit.*, p. 73.
2. *La Bible Expliquée*, « Commentaire du Psaume 10 », Villiers-le-Bel : Société biblique française, 2004, p. 643-644.

naître cependant qu'il est très présent dans les pages de la Bible. Alfred Marx et Christian Grappe – tous deux professeurs à la faculté de théologie protestante de l'Université de Strasbourg – rappellent que : « L'Ancien Testament est plein de la violence de Dieu. Mais cette violence ne fait que répondre à la violence humaine. Comme le montre l'histoire de Caïn et Abel, celle-ci s'enracine dans le désir mimétique qui consiste à vouloir posséder ce que possède l'autre et, pour ce faire, à l'éliminer si nécessaire. La violence est inhérente à la nature humaine. On ne peut l'éradiquer, sauf à éradiquer l'humanité elle-même. Elle doit donc être contenue, encadrée par les lois, afin qu'elle ne conduise pas la société à s'autodétruire. La colère de Dieu participe à ces mesures coercitives. Par la menace qu'elle fait peser, elle garantit le respect des lois et de l'ordre social[1]. »

On trouve en effet plus de 300 passages bibliques se rapportant à la colère de Dieu ! Faute de pouvoir citer ici toutes ces références, bornons-nous à relever quelques exemples significatifs : « Alors l'Eternel fit pleuvoir du ciel sur Sodome et sur Gomorrhe du soufre et du feu, de par l'Eternel. Il détruisit ces villes » (Genèse 19.24-25) ; « L'Eternel dit à Moïse : Je vois que ce peuple est un peuple au cou raide. Maintenant laisse-moi, ma colère va s'enflammer contre eux, et je les consumerai » (Exode 32.9-10) ; « Alors l'Eternel envoya contre le peuple des serpents brûlants, ils mordirent le peuple et

---

1. Alfred Marx et Christian Grappe, *Le Dieu de la Bible est-il violent ?*, Site de l'hebdomadaire protestant *Réforme*, [En ligne] http://www.reforme.net/ (consulté en décembre 2010).

il mourut beaucoup de gens en Israël » (Nombres 21.6) ; « L'Eternel garde tous ceux qui l'aiment, et il détruit tous les méchants » (Psaume 145.20) ; « L'Eternel sort de sa demeure pour punir les crimes des habitants de la terre » (Esaïe 26.21) ; « Celui qui croit au Fils a la vie éternelle, celui qui ne croit pas au Fils ne verra point la vie, mais la colère de Dieu demeure sur lui » (Jean 3.36) ; « Dieu est-il injuste quand il déchaîne sa colère ? […] Loin de là ! Autrement, comment Dieu jugerait-il le monde ? » (Romains 3.5-6) ; « Comme ils ne se sont pas souciés de connaître Dieu, Dieu les a livrés à leur sens réprouvé, pour commettre des choses indignes » (Romains 1.28).

Selon la Bible, la « colère de Dieu » désigne donc le jugement de Dieu sur le comportement pervers d'hommes au cœur endurci refusant obstinément de croire. « La colère de Dieu se révèle du ciel contre toute impiété et toute injustice des hommes » peut-on lire dans l'épître aux Romains (1.18).

Remarquons en passant que l'humanité d'aujourd'hui – aux yeux de Dieu – ne semble pas moins égarée et pervertie que celle antérieure au christianisme, bien au contraire. A tel point que l'orgueil et l'endurcissement des hommes ont conduit le Créateur à prendre la décision de détruire, non plus certaines villes corrompues comme à l'époque de l'Ancien Testament (Jérusalem, Tyr, Sodome, Gomorrhe…), mais à une échéance que lui seul connaît… les cieux et la terre, c'est-à-dire sa propre création ! C'est ce qui ressort clairement de plusieurs passages du Nouveau Testament dont la portée – paradoxalement – est généralement sous-estimée :

« Les cieux et la terre d'à présent sont gardés et réservés pour le feu, pour le jour du jugement et de la ruine des hommes impies » (2 Pierre 3.7) ; « La terre avec les œuvres qu'elle renferme sera consumée » (2 Pierre 3.10) ; « J'ébranlerai non seulement la terre, mais aussi le ciel » (Hébreux 12.26) ; « Le ciel et la terre passeront, mais mes paroles ne passeront point » (Luc 21.33)…

Dans son livre traitant du thème de la colère de Dieu – source sur laquelle nous nous appuierons principalement dans cette partie de notre étude –, le théologien suédois Ragnar Blomfelt rappelle que le péché ne doit pas être pris à la légère car il provoque la colère de Dieu : « Dieu est de par sa nature, à la fois amour et perfection. Aucun de ces aspects ne doit être grossi au détriment de l'autre. Mais il est important de voir que dans presque tous ses livres, la Bible contient des textes sur la colère de Dieu. La doctrine qui revient sans cesse dans la Bible, c'est qu'au péché succède la colère de Dieu. La nation, la ville ou l'individu qui persévère dans le péché doit tôt ou tard compter avec la colère de Dieu, non pas sous la forme d'une loi mécanique impersonnelle, mais parce que c'est indissociable de la nature sainte de Dieu. C'est Dieu qui le veut. C'est la conséquence naturelle du fait que Dieu est le Dieu de la justice et de la perfection[1]. »

En somme, on doit comprendre et admettre que la bonté de Dieu n'exclut pas sa justice (cf. Romains 11.22). Ces deux attributs divins ne sont pas en contradiction !

---

1. Ragnar Blomfelt, *Une défense de la colère de Dieu*, Traduction en français par Lecomte Pascal, [En ligne] http://www.bibeltro.com/, (consulté en juillet 2007).

Pourquoi donc l'iniquité des hommes ne motiverait-elle pas la colère de Dieu ? Aussi, ne nous méprenons pas sur la plausibilité de l'idée populaire qui domine aujourd'hui, même dans nos églises, selon laquelle Dieu est si complaisant et large d'esprit qu'il nous acceptera tous au ciel, doctrine – douce illusion prônée par l'universalisme chrétien – dont se bercent de nombreux croyants, mais tout à fait étrangère à la pensée divine !

C'est ce que confirme le pasteur John MacArthur : « A cause de l'influence de la théologie libérale moderne, plusieurs supposent que l'amour et la bonté de Dieu vont finir par annuler sa justice et sa sainte colère. Ils perçoivent Dieu comme un gentil grand-papa céleste, tolérant, affable, permissif, dénué de réel dédain du péché, qui, sans considération pour sa sainteté, va passer d'une manière bénigne par-dessus le péché et accepter les gens comme ils sont. [...] Nous avons perdu la réalité du jugement de Dieu. [...] Le Dieu décrit par la plupart des évangéliques de nos jours est tout amour et pas du tout fâché. Nous avons oublié que "c'est une chose terrible de tomber entre les mains du Dieu vivant." (Hébreux 10.31). Nous ne croyons plus en ce genre de Dieu maintenant. [...] C'est seulement sur la toile de la colère divine que la pleine signification de l'amour de Dieu peut vraiment être comprise. C'est précisément le message de la croix de Jésus-Christ. Après tout, ce fut sur la croix que l'amour de Dieu et sa colère ont convergé dans toute sa plénitude majestueuse[1]. »

---

1. John MacArthur, *L'amour et la colère de Dieu*, Site Croixsens.net, [En ligne] http://www.croixsens.net/, (consulté en décembre 2010).

Ragnar Blomfelt – citons-le à nouveau – voit par ailleurs la théodicée comme « le résultat du refus de la colère de Dieu. [...] Soulever le problème de théodicée [écrit-il] signifie la négation du pouvoir suprême de Dieu. [...] Certains chrétiens optent pour une position intermédiaire, en estimant que Dieu "permet" le mal et la souffrance. De ce fait, ils ne rendent pas Dieu responsable, puisqu'en définitive ce n'est pas Dieu qui frappe. Mais cette manière de voir ne tient pas non plus. C'est toujours celui, qui étant en position de force "permet" l'accomplissement d'événements, qui est finalement responsable. [...] Chaque fois que Dieu "permet", c'est la volonté de Dieu qui s'exprime et qui se réalise. Dans le livre de Job, par exemple, Dieu "permettait" à Satan de blesser, de tuer et de faire souffrir[1] ».

Et cet auteur (auquel nous sommes largement redevables) de conclure : « Aucun homme ne peut comprendre Dieu. La poussière humaine, pécheresse et mortelle, connaît aussi peu la nature de Dieu que le nouveau-né ne connaît le monde. C'est pourquoi le rôle de l'homme est en toute humilité d'avoir confiance en Dieu pour tout ce qu'il fait, que ce soit des manifestations d'amour ou des actes de colère. [...] Notre façon de penser s'en trouve réformée. Quand la colère de Dieu s'exprime sous forme de guerres, pestes, tremblements de terre, ouragans, etc., nous ne pensons plus comme l'athée, c'est-à-dire que ces événements ne seraient dus qu'à des circonstances malheureuses. Nous

---

1. Ragnar Blomfelt, *op. cit.*

ne pensons plus que c'est le diable et ses acolytes qui apportent mort et désolation, ni que c'est un Dieu en pleurs qui "permet" ces choses. Non, il devient pour nous évident que c'est le Dieu Tout-puissant qui agit de manière active et consciente. Nous commençons à nous poser des questions à la fois d'ordre spirituel et logique : "Que veut Dieu au travers de cela ? Pourquoi frappe-t-il de sa colère ici et maintenant ?". Parfois nous comprenons, parfois nous ne pouvons que pressentir une réponse. Souvent nous ne savons pas et nous ne pouvons que nous taire, soupirer et déplorer. Mais nous pouvons aussi louer Dieu pour ses jugements justes et parfaits. Nous savons que nous vivons dans le monde de Dieu. Nous sommes conscients que Dieu contrôle parfaitement chaque situation. Tout cela nous remplit de crainte, de confiance, d'espoir et de louange[1]. »

Un Dieu toutefois « lent à la colère »

Concernant cet aspect si controversé du visage de Dieu, Jacques Vermeylen, théologien bruxellois, souligne que « les écrivains bibliques prennent cependant grand soin de montrer que Dieu n'a puni qu'après avoir tout tenté pour éviter d'en arriver là : la sanction relève de la justice, et non d'une violence perpétrée sous le coup d'une émotion aveugle, sous l'emprise irrationnelle de la colère. En d'autres termes, le thème biblique de la colère divine montre l'intensité des sentiments de Dieu à l'égard des siens, mais il ne montre qu'exceptionnellement un Dieu s'abandonnant à une colère destructrice dans les actes,

---

1. *Ibid.*

sinon lorsqu'il s'agit de combattre des symboles du Mal ou de la violence elle-même[1] ».

Dans le même ordre d'idée, notons que la Bible nous dessine aussi le portrait d'un Dieu qui « voit la peine et la souffrance, pour prendre en main leur cause » (Psaume 10.14), qui « voit avec douleur la mort de ses fidèles » (Psaume 116.15, BFC), qui « n'aime pas voir mourir les méchants ; tout ce [qu'il] désire, c'est qu'ils changent de conduite et qu'ils vivent » (Ezékiel 33.11, BFC).

D'autre part, la Bible nous parle d'un Dieu qui « retient souvent sa colère » (Psaume 78.38), « lent à la colère, riche en bonté et en fidélité » (Psaume 86.15), dont la « colère ne dure qu'un instant, mais sa bienveillance toute la vie » (Psaume 30.6, BFC), qui « ne nous punit pas selon nos iniquités » (Psaume 103.10), qui « châtie celui qu'il aime, comme un père l'enfant qu'il chérit » (Proverbes 3.12) et qui « ne rejette pas à toujours, mais lorsqu'il afflige, il a compassion selon sa grande miséricorde, car ce n'est pas volontiers qu'il humilie et qu'il afflige les enfants des hommes » (Lamentations 3.31-33).

Remarquons enfin que l'Ecriture nous dépeint un Dieu fidèle qui « ne permettra pas que [nous soyons] tentés au-delà de [nos] forces, mais avec la tentation, il préparera aussi le moyen d'en sortir, afin que [nous puissions] la supporter » (1 Corinthiens 10.13) et qui, en définitive,

---

1. Jacques Vermeylen, *Quand Dieu se met en colère - Quelques réflexions à partir de la Bible*, Site Maison de la Bible, [En ligne] http://maisondelabible.7adire.net/ (consulté en décembre 2010).

« nous châtie pour notre bien, afin que nous participions à sa sainteté » (Hébreux 12.10).

Avant tout, un Dieu d'amour qui souffre avec nous

En donnant la liberté à ses créatures, Dieu – volontairement – limite sa toute puissance au risque de les perdre ! De surcroît, son amour absolu ne s'en tient pas à cette liberté accordée. Sachant par avance que ses créatures en feraient un triste usage les empêchant d'accéder à la vie éternelle (cf. chapitre 7), il conçoit – avant même la fondation du monde – un plan de rachat de l'humanité. La Bible nous raconte tout simplement l'histoire de cette rédemption de l'homme perdu par un Dieu Sauveur. Mystère insondable que l'apôtre Jean résume admirablement bien dans son évangile au troisième chapitre, verset 16 où nous pouvons lire que « Dieu a tant aimé le monde qu'il a donné son Fils, son unique, pour que tous ceux qui mettent leur confiance en lui échappent à la perdition et qu'ils aient la vie éternelle ».

Quel message rassurant et réconfortant de la part d'un Dieu aimant ses créatures jusqu'à sacrifier son Fils unique pour les arracher aux griffes de l'adversaire et leur accorder la vie éternelle en sa présence. Ainsi, permet-il à son propre Fils de descendre jusqu'à nous… et même jusqu'à la tombe ! Mais sa mort sur la croix – bien qu'étant innocent – est transformée en victoire éclatante sur le mal. A ce propos, le pasteur suisse Roland de Pury affirme que « devant la souffrance du monde, Dieu ne reste pas les bras croisés, mais les bras en croix » !

En fait, si la Bible nous révèle un Dieu exécrant le mal, parfois silencieux ou cruel vis-à-vis de ses créatures dévoyées, elle nous montre en même temps et surtout un Dieu qui nous aime infiniment, d'abord cruel avec lui-même afin de rédimer justement cette humanité corrompue ! « Il s'est livré lui-même à la mort » (Esaïe 53.12).

Ce mystère insondable qu'est la volonté divine de souffrir pour l'homme a poussé Luigi Pareyson à écrire des mots si profonds que nous ne pouvons nous empêcher de le citer à nouveau : « Si le péché atteint même les innocents dans la souffrance, alors il atteint aussi la divinité dans la souffrance. Celle des innocents est le signe que la création a tellement failli que, pour y remédier, la douleur de Dieu est même nécessaire. Le scandale de la souffrance des innocents ne devient tolérable que sur fond d'un scandale bien plus grand, l'extension du drame de l'homme à Dieu lui-même, c'est-à-dire la réalité d'un Dieu souffrant[1]. »

Et ce philosophe d'ajouter : « La souffrance du Christ est d'autant plus infinie et terrible si on pense que c'est Dieu lui-même qui a voulu souffrir et a souffert en lui. Étant tout entière sanglante et déchirante, la souffrance du Christ a atteint des sommets particulièrement tragiques et douloureux, le plus dramatique étant le moment où il s'est senti abandonné par Dieu sur la croix. [...] Le rédempteur emprunte le chemin déshonorant du mal adoptant l'état humain de pécheur soumis à la colère

---

1. Luigi Pareyson, *op. cit.*, p. 172.

divine et s'appropriant tous les péchés de l'homme comme s'il les avait commis lui-même. Il parcourt en même temps l'itinéraire térébrant de la douleur, qui va de la misère humaine à l'abandon de Dieu, de la passion au cri de la croix, dans la solitude et la déréliction la plus complète, au point de sentir peser sur lui la colère divine. [...] La souffrance de Dieu est un scandale tellement démesuré que face à elle aucun autre scandale ne soutient la comparaison et toute protestation devient injustifiée et inopportune, et même offensante et de l'ordre du blasphème[1]. »

« En Jésus, Dieu expérimente l'injustice, [écrit avec audace, Anne-Cécile Larrieu] il est condamné à mort alors qu'il avait parcouru les routes de Palestine en faisant le bien et en relevant les pauvres. [...] Le supplice de la croix, assorti de la flagellation, du couronnement d'épines et de multiples outrages est non seulement long et douloureux, mais aussi profondément humiliant : c'est la mort que les Romains réservent à la lie de la société. Jésus, Dieu et homme, épuise donc en son corps et son âme toutes les formes de souffrance qui affligent l'humanité. Étrange réponse de Dieu au problème du Mal ! Au lieu d'expliquer à l'homme d'où vient le Mal, il le partage avec lui ; au lieu de jouer de sa baguette de Dieu tout-puissant pour rendre le monde à un bonheur sans faille, il se fait faible et humilié. [...] Pour les chrétiens, la mort et la résurrection du Christ ne sont pas un fait historique isolé, mais la preuve que Dieu prend

---

1. *Ibid.*, p. 174-201 *passim.*

lui-même en charge le problème du Mal, qu'il le combat et en sort mystérieusement vainqueur[1]. »

Richard Rice, à qui nous nous sommes déjà référés, abonde dans le même sens : « La croix et la résurrection de Jésus forment la pierre d'angle de la vision chrétienne et constituent les fondations d'une réponse chrétienne à la souffrance. [...] La croix révèle par ailleurs la solidarité que nous manifeste Jésus dans nos souffrances. Elle nous rappelle que nous ne sommes jamais seuls, aussi sombre et oppressive que soit notre situation. Jésus ayant subi la croix, rien ne peut nous arriver qu'il n'ait vécu lui-même. [...] Si la croix nous rappelle que la souffrance est inévitable, la résurrection nous assure qu'elle n'a jamais eu le dernier mot. Jésus n'a pu éviter la croix, à cause même de son engagement à sauver l'humanité, mais il l'a dépassée. Son tombeau vide est notre assurance du caractère temporaire de toute souffrance. Dans la perspective de l'espoir chrétien, le moment viendra où la souffrance appartiendra au passé[2]. »

Louis Schweitzer – également déjà cité – pense de même : « La grande réponse de Dieu au problème du mal, c'est la croix. [...] Nul doute donc que Dieu prenne le mal au sérieux. Il ne nous a peut-être pas donné la clé pour le comprendre et l'expliquer, mais il s'est donné lui-même en Jésus-Christ pour nous en délivrer. Lorsque nous parlons de Dieu et du mal, n'oublions jamais que

---

1. Anne-Cécile Larrieu, « Une approche chrétienne du mal », *X-Passion - La revue des élèves de l'Ecole Polytechnique*, 2004, n° 39.
2. Richard Rice, *op. cit.*

Jésus, Dieu fait homme, a été crucifié. Il a connu la persécution, l'injustice, la torture, la mise à mort. Et l'on voudrait qu'il fût étranger, indifférent au mal, trop loin dans les cieux pour en avoir conscience ou pour en tenir compte[1] ! »

Bref, avec Jean Marie Ploux, théologien catholique, nous pouvons avoir l'assurance que Dieu, « comme dans l'univers de Job [...] se situe du côté de celui qui souffre, que même s'il se tait, il garde la haute main sur le cours des choses et donc sur le mal, enfin qu'il est proche et que, malgré son silence, l'homme peut compter sur lui[2] ».

Non seulement, Dieu est avec nous dans nos souffrances, mais nous sommes en outre invités – soulignons-le encore une fois – à nous décharger sur lui de tous nos soucis, car lui-même prend soin de nous (1 Pierre 5.7). Qui plus est, rien ne peut nous séparer de son amour ! Comment en effet douter de cet amour indéfectible de Dieu pour ses fidèles en lisant ce texte de l'apôtre Paul : « Oui, j'ai la certitude que rien ne peut nous séparer de son amour : ni la mort, ni la vie, ni les anges, ni d'autres autorités ou puissances célestes, ni le présent, ni l'avenir, ni les forces d'en haut, ni celles d'en bas, ni aucune autre chose créée, rien ne pourra jamais nous séparer de l'amour que Dieu nous a manifesté en Jésus-Christ notre Seigneur » (Romains 8.38-39, BFC) !

---

1. Louis Schweitzer, *op. cit.*, p. 52-53.
2. Jean Marie Ploux, Commentaire du livre de Marcel Neusch, *L'énigme du mal*, Site Theologia.fr, [En ligne] http://www.theologia.fr/, (consulté en juillet 2007).

7

Une réponse d'espoir

Bien que la pédagogie divine demeure en grande partie mystérieuse et que la Bible nous éclaire peu quant au surgissement irrationnel du mal, le message le plus optimiste que Dieu apporte finalement aux hommes face au problème du mal, est l'assurance que l'expérience du mal et de la mort ne sera qu'un événement temporaire dans « son histoire », précédant le début d'une éternité sans souffrance ni mort.

Il s'agit là d'une véritable réponse d'espoir adressée par Dieu à tous ceux qui lui restent fidèles dans l'épreuve, incontestablement une étonnante promesse d'un monde nouveau où le mal et la mort auront définitivement disparu. A ce moment enfin, Dieu habitera avec les hommes, « essuiera toute larme de leurs yeux et la mort ne sera plus, il n'y aura plus ni deuil, ni cri, ni douleur » (Apocalypse 21.4).

Pour autant, toujours selon la culture chrétienne, que savons-nous d'autre de l'éternité ? Comment l'homme peut-il y accéder ? En guise de conclusion à notre réflexion sur la question du mal, essayons à présent de répondre à ces deux interrogations essentielles que tout être humain se pose un jour ou l'autre. Mais auparavant, arrêtons-nous sur une autre question liée à l'idée d'éternité, celle de la disparition définitive du mal.

Somme toute, un chapitre qui restera évidemment inachevé... les auteurs ayant bien conscience que traiter en quelques pages un sujet si élevé, si profond et à priori tellement inaccessible aux facultés humaines, ne peut qu'en appauvrir le contenu. Toutefois, le côté insatisfaisant ou incomplet des réponses avancées incitera peut-être le lecteur à examiner plus à fond cette pensée commune à chacun.

L'extirpation du mal, principale raison du retour du Christ

« Au jour du Jugement, [peut-on lire dans le dernier catéchisme de l'Eglise catholique] lors de la fin du monde, le Christ viendra dans la gloire pour accomplir le triomphe définitif du bien sur le mal qui, comme le grain et l'ivraie, auront grandi ensemble au cours de l'histoire. En venant à la fin des temps juger les vivants et les morts, le Christ glorieux révélera la disposition secrète des cœurs et rendra à chaque homme selon ses œuvres et selon son accueil ou son refus de la grâce[1]. »

« Le Christ [écrit le pasteur Charles Gerber] doit revenir parce qu'il est le Sauveur de l'humanité et qu'il ne peut laisser son œuvre inachevée. Il doit revenir pour apporter un dénouement heureux au drame humain qui se déroule depuis la chute et, par ce dénouement, mettre un terme au péché et faire triompher définitivement la Justice et l'Amour de Dieu. [...] Il veut que les siens

---

1. *Catéchisme de l'Eglise catholique*, Paris : Mame / Plon, 1992, p. 151.

bénéficient d'un salut complet et soient introduits dans le royaume de la gloire et de la félicité. [...] Mais il veut aussi que le mal soit extirpé et les pécheurs punis[1]. »

Ainsi le Christ doit revenir pour mettre un terme à la puissance du mal et offrir à l'homme la paix et la vie éternelle dans un monde où le péché aura disparu à jamais : « Il reviendra, mais sa seconde venue n'aura plus rien à faire avec le péché, il apparaîtra comme le Sauveur glorieux à tous ceux qui l'attendent continuellement, pour leur apporter le salut complet et définitif » (Hébreux 9.28, Parole vivante par Alfred Kuen) ; « Voici, je viens bientôt, et j'apporte avec moi ma récompense pour rendre à chacun selon son œuvre » (Apocalypse 22.12).

La parousie (c'est ainsi que le Nouveau Testament grec appelle le retour de Jésus) implique donc aussi la résurrection des morts afin que tous ceux qui ont accepté Jésus durant leur vie terrestre puissent finalement bénéficier de la vie éternelle promise.

Quant à ceux qui se sont rebellés contre lui, on sait que le Christ lui-même a déclaré qu'ils ressusciteront aussi, mais pour recevoir le jugement de Dieu : « L'heure vient où tous ceux qui sont dans les tombeaux entendront sa voix et en sortiront. Ceux qui auront fait le bien ressusciteront pour la vie, mais ceux qui auront fait le mal ressusciteront pour le jugement » (Jean 5.28-29).

---

1. Charles Gerber, *Les sentiers de la foi*, Dammarie-lès-Lys : SDT, 1981, p. 119.

Une perspective réconfortante

Rien que par son caractère illimité (par rapport à notre courte vie terrestre), l'éternité a de quoi nous intriguer. Un sage anonyme l'a comparée symboliquement à un énorme diamant de la taille du poing sur lequel, chaque matin, une colombe viendrait donner un coup de bec. Une fois que cette pierre précieuse, progressivement usée par les assauts répétés ait complètement disparu – rappelons que le diamant est le plus dur des minéraux naturels –, il se serait écoulé « une seconde de l'éternité » !

Et si nous considérons maintenant le fait qu'à celle-ci, les différentes religions ont en général associé (avec quelques nuances) la notion de bonheur, alors vraiment il n'est pas anormal d'en rêver sérieusement un jour ou l'autre ici-bas... à moins d'y avoir déjà trouvé le paradis !

Mais dans notre compréhension de l'éternité, encore faut-il discerner ce qui n'est que fable, fantaisie ou débat philosophique hypothétique ! Les avis à ce sujet sont divers et contradictoires. Par contre un point est sûr, pour tous les descendants d'Abraham (Juifs, Chrétiens et Musulmans), l'éternité est le premier attribut de Dieu, d'où son nom « l'Eternel ».

Puisque nous vivons dans une civilisation dite « judéo-chrétienne », pourquoi ne pas revenir tout naturellement au fondement de cette dernière en choisissant la conception de la Bible qui apporte sur l'au-delà une réponse saine et juste tout en nous conduisant à vivre pleinement dans le présent ?

Certes, aujourd'hui, paradoxalement, certains prédicateurs semblent plutôt réticents à parler du ciel du haut de la chaire (sauf aux enterrements) ! Et pourtant, la pensée du ciel fait partie intégrante – avec le retour du Christ et la résurrection des morts – de l'authentique espérance chrétienne !

Sans doute, aimerions-nous trouver dans les Ecritures plus de précisions sur l'éternité. « Nous ne sommes pas plus au clair sur le mobilier du ciel que sur la température de l'enfer[1] », reconnaît non sans humour le théologien protestant Reinhold Niebuhr ! Rappelons que, bien avant lui – en 1615 –, Galilée avait écrit à Christine de Lorraine que « la Bible ne nous enseigne pas comment va le ciel, mais comment on doit aller au Ciel[2] » !

Toutefois, l'aperçu que nous y découvrons suffit déjà pour nous donner une petite idée sur cette vie perpétuelle auprès de Dieu, en réalité une qualité de vie incomparable, en grande partie indescriptible, car au-delà de toute imagination humaine. « Il s'agit de ce que l'œil n'a pas vu et que l'oreille n'a pas entendu, de ce que l'esprit humain n'a jamais soupçonné, mais que Dieu tient en réserve pour ceux qui l'aiment » (1 Corinthiens 2.9, La Bible du Semeur).

Même si l'on touche ici l'insondable, le fait de savoir seulement que dans l'éternité il n'y aura plus de

---

1. Reinhold Niebuhr, cité par Paul Wells, « Et le ciel ? », *La Revue Réformée*, 2000, n° 206.
2. Galilée, *Lettre à Christine de Lorraine et autres écrits coperniciens*, Traduction par Philippe Hamou et Marta Spranzi, Paris : Librairie générale française, 2004.

souffrances ni de mort (Apocalypse 21.3-4), que nous profiterons à jamais de la justice de Dieu (2 Pierre 3.13) et surtout que nous serons parfaitement semblables au Fils de Dieu (1 Jean 3.2), a de quoi nous inciter à prêter encore plus attention à cette apothéose promise au terme de notre vie terrestre[1]. Qui plus est, ce diamant inestimable nous est offert gracieusement (Apocalypse 21.6)... cependant à une condition.

Une seule condition

On peut être très étonné de la quête humaine d'éternité manifestée à toutes les époques, mais curieusement nous pouvons découvrir dans la Bible l'explication de cette aspiration naturelle vers le ciel : Dieu a en fait « implanté au tréfonds de l'être humain le sens de l'éternité » (Ecclésiaste 3.11, La Bible du Semeur). C'est ce que confirme Charles Gerber : « Quoi qu'il prétende, l'homme possède au fond de lui-même un sentiment religieux extrêmement puissant [...] A toutes les époques, sous toutes les latitudes et à quelque race qu'il appartienne, il manifeste en effet une soif, une aspiration,

---

1. « L'idée de la vie éternelle déplaît à certains, parce que leurs vies sont misérables. Mais ce n'est pas un simple prolongement de cette vie mortelle. C'est la vie de Dieu manifestée en Christ, qui donne dès à présent l'assurance de l'éternité à tous les croyants. La vie éternelle ne connaît pas la mort, la maladie, l'ennemi, le mal ou le péché. Ceux qui ne connaissent pas Christ agissent comme s'il n'existait rien au-delà de leur vie sur terre. En réalité, cette vie est une introduction à l'éternité » (Extrait d'une note de la Bible d'étude *Vie Nouvelle*, Version Segond 21, p. 220, Copyright © Société Biblique de Genève, CH-1204 Genève, 2004, Reproduit avec aimable autorisation - Tous droits réservés).

un vrai tourment de quelque chose ou de quelqu'un, une inquiétude de Dieu. [...] Partout et toujours, même dans les conditions les plus défavorables, il adore une force supérieure[1]. »

Bien plus, Dieu ne se contente pas d'inculquer un sentiment religieux aux hommes, il désire tout simplement partager son éternité avec eux, du moins avec tous ceux qui acceptent ce dessein inouï, puisqu'il a également – nous le savons – gratifié ses créatures du libre arbitre (cf. chapitre 3). Celles-ci sont donc placées devant l'alternative de choisir entre l'obéissance et la désobéissance, entre le bien et le mal : « Voyez, je place aujourd'hui devant vous, d'un côté, la vie et le bonheur, de l'autre, la mort et le malheur » (Deutéronome 30.15, La Bible du Semeur). Respectant notre liberté, Dieu ne nous contraint pas d'accepter son éternité, mais nous invite par contre, à choisir le bon chemin pour y avoir accès : « Choisissez donc la vie, afin que vous viviez, vous et vos descendants » (Deutéronome 30.19, La Bible du Semeur). Hélas, on peut constater que l'homme a toujours fait un triste usage de sa liberté, à commencer par nos premiers ancêtres !

Dans la Bible, Dieu apparaît surtout comme un Père compatissant et miséricordieux, aimant ses créatures d'un amour absolu (cf. chapitre 6). En leur donnant la liberté, il prend certes des risques, mais ne veut pas d'esclaves ni de robots programmés pour faire le bien ! Il souffre de ce choix de l'homme qu'il a créé candidat à l'éternité et dès la chute du premier couple, fait la promesse de

---

1. Charles Gerber, *op. cit.*, p. 35.

le délivrer de la mort éternelle (Genèse 3.15). Mystère insondable exprimant son éternelle bonté !

L'éternité, qui devient effective à la résurrection, est acquise par la rédemption – le salut apporté par Jésus-Christ à l'humanité pécheresse – et le chrétien s'en empare par la foi, c'est la seule condition (Romains 10.13 ; Jean 3.36 ; Jean 6.47 ; 1 Jean 5.13). Croire (ou avoir la foi) au sens biblique implique la personne du Christ, c'est consentir à un contact permanent avec lui afin qu'il manifeste en nous sa vie (éternelle).

En croyant, l'homme ne fait pas un acte méritoire, mais accepte tout simplement un don extraordinaire immérité (le salut éternel), cette acceptation étant, comme nous venons de le dire, la condition du salut. Ainsi, la vie éternelle est véritablement un don de Dieu (Romains 6.23), un diamant inestimable offert gracieusement. Nul ne peut l'acquérir par ses œuvres si belles soient-elles ! Dans cet ordre d'idée, l'apôtre Paul écrit aux chrétiens d'Ephèse : « C'est par la grâce en effet que vous êtes sauvés, par le moyen de la foi. Et cela ne vient pas de vous, c'est le don de Dieu. Ce n'est point par les œuvres, afin que personne ne se glorifie » (Ephésiens 2.8-9). L'action du croyant est tout simplement la démonstration de sa foi (Galates 5.6 ; 1 Jean 2.6). On pourrait dire qu'il fait des œuvres non pour être sauvé mais parce qu'il est sauvé ! Et ces actions-là ne s'apparentent plus à des mérites.

Pourtant, même si le croyant dès le premier pas de la foi, vit déjà virtuellement dans l'éternité (1 Jean 5.11-13), il ne peut se soustraire à la condition humaine, douloureuse pour lui aussi. On peut même affirmer que la souffrance est inévitable pour celui qui marche avec Dieu, mais par contre elle apprend aux hommes à compter sur lui. « Si tu ne marches que pendant les jours de beau temps, [disait à ce sujet un sage chinois] tu n'atteindras jamais ta destination ! »

*

En attendant cette éternité de bonheur promise – résignés, ici-bas, à confesser le caractère énigmatique du mal et de son origine –, puissions-nous faire nôtre cette prière humble et confiante de Jacques Poujol : « Lorsque je souffre, Dieu veut me faire la grâce, comme à Job, de garder confiance en sa justice et en son amour. Je ne recevrai peut-être pas de réponse, mais je serai consolé. Le seul soutien pour ma foi est alors de regarder à Jésus-Christ crucifié. Ce Dieu impénétrable, indéchiffrable, dont je ne comprends pas les voies, est le même qui sur la croix, en Jésus-Christ, se révèle comme juste et bon. Dieu me fera don de sa paix qui surpasse toute intelligence. Je renonce à comprendre, à connaître le bien et le mal, et je regarde à ce que Dieu est plus qu'à ce qu'il permet, et dont la raison m'échappe. [...] Je reconnais qu'il peut tout, et en même temps je continue à croire qu'il est un Dieu d'amour, seul sage et parfaitement digne de ma confiance[1]. »

---

1. Jacques Poujol, *L'accompagnement psychologique et spirituel - Guide de relation d'aide*, Paris : Empreinte, 2007, p. 357.

Table

Préface du Dr Gabriel Golea 11

Introduction 19
1. L'attitude athée 23
2. La pensée dualiste 29
3. Le discours philosophique 35
4. La liberté humaine appelle la question de l'origine du mal 43
5. L'explication rationnelle du mal se révèle vite insuffisante 47
6. Le point de vue chrétien 51
7. Une réponse d'espoir 77

Cet ouvrage a été imprimé par

Books on Demand GmbH
Gutenbergring 53
22848 Norderstedt
Allemagne

Couverture et mise en page : Patrick Bouchot
Photo 1ère de couverture : © Dudarev Mikhail - Fotolia.com
Photo 4e de couverture : Germain Photo

Imprimé en Allemagne
Dépôt légal : février 2011